DU

CONSEIL DE SURVEILLANCE

DANS LA

SOCIÉTÉ EN COMMANDITE PAR ACTIONS

PAR

Louis BARADEZ

Docteur en droit

NANCY

IMPRIMERIE NANCÉIENNE, 1, RUE DE LA PÉPINIÈRE

—

1882

DU

CONSEIL DE SURVEILLANCE

DANS LA

SOCIÉTÉ EN COMMANDITE PAR ACTIONS

PAR

Louis BARADEZ

Docteur en droit

NANCY

IMPRIMERIE NANCÉIENNE, 1, RUE DE LA PÉPINIÈRE

1882

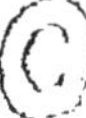

DROIT FRANÇAIS

DU CONSEIL DE SURVEILLANCE

DANS LA

SOCIÉTÉ EN COMMANDITE PAR ACTIONS

INTRODUCTION

NOTIONS PRÉLIMINAIRES

Historique

1. — La société en commandite est une société qui se forme entre un ou plusieurs associés responsables et solidaires, et un ou plusieurs associés, simples bailleurs de fonds (C. du Com., art. 23, § 1). Les premiers portent le nom de commandités, les seconds celui de commanditaires ou d'associés en commandite. Ces derniers ne sont passibles des pertes que jusqu'à concurrence des fonds qu'ils ont mis ou dû mettre dans la société (C. de Com., art. 26).

L'utilité d'une telle espèce de société n'est certes pas à démontrer. Elle permet à toute personne de prendre un intérêt dans une société de commerce, sans s'exposer à revêtir la qualité de commerçant et elle contribue ainsi à attirer vers le négoce les capitaux disponibles.

2. — La commandite par intérêts existe depuis longtemps. Autrefois on appelait commande (1) ou commandite toutes les sociétés dans lesquelles on confiait un capital, en nature ou en argent, à un associé, pour en tirer parti sous le nom de ce dernier et pour en partager les gains.

Pendant le moyen âge, la commande était très-usitée,

(1) Commande a pour étymologie le mot *commendare*, déposer une chose, la confier.

car elle venait prêter un utile concours aux capitalistes en offrant un débouché licite et productif aux capitaux que les prohibitions ecclésiastiques frappaient de stérilité. La commande avait été autorisée par des actes législatifs (1) qui, tenant compte de l'énorme différence séparant le commanditaire, véritable associé exposé à contribuer aux pertes de la société, du prêteur ordinaire, qui toujours a droit à une rémunération, ne l'avaient pas soumis aux règles prohibitives du prêt. Ajoutons à cela que ce contrat permettant aux commanditaires de se dissimuler complètement derrière les commandités, offrait aux nobles un moyen très-commode de se livrer à l'exercice du commerce sans encourir pourtant les déchéances que les préjugés de caste y avaient attachées. On sait, en effet, que tout commerce, autre que le commerce maritime, emportait dérogeance pour la noblesse. Aussi Jousse dit-il : « Ceux qui sont asso- » ciés en commandite, participent aux profits et pertes » seulement, ce qui fait qu'elles se font quelquefois avec » des officiers et des personnes de distinction. » — C'était surtout sous la forme du contrat de pacotille que l'on employait la commande. On confiait une somme ou une pacotille de marchandises à un marchand qui allait trafiquer dans les foires et dans les ports. Le commandité traitait seul avec les tiers, et seul il était connu d'eux ; le commanditaire, au contraire, ne courait que le risque de son capital, sans jamais engager sa responsabilité personnelle.

L'ordonnance de 1673 a reconnu d'une façon formelle la société en commandite, et Jousse, dans son commentaire, en parle en ces termes : « Elle se fait entre plusieurs asso-

(1) Ordonnance de Louis X le Hutin du 9 juillet 1315 : « Lesdits marchands italiens pour change, commande et quelques autres contrats qu'ils fassent ensemble l'un avec l'autre, ne seront par nous, ne par nos gens, repris ne reprochiez des cas d'usure. »

» ciés, dont l'un ne fournit que son argent, et les autres » donnent leur argent et leur travail, ou leur travail seule- » ment pour tenir lieu du fonds ou d'une partie de ce fonds, » qu'ils sont dispensés de fournir. Ceux qui sont ainsi as- » sociés en commandite ne sont point obligés solidaire- » ment aux dettes de la société : ils se contentent de » fournir leurs deniers, sans faire aucune fonction et sans » paraître, en aucune manière, dans les achats et ventes, » obligations, billets et autres actes concernant le com- » merce ; mais ils participent seulement dans les profits ou » pertes, jusqu'à concurrence de leur part ou portion qu'ils » ont dans la société (1). »

3. — Les rédacteurs de l'ordonnance et les commentateurs ne semblent pas avoir admis l'emploi d'une raison sociale dans les sociétés en commandite (2). Mais la pratique commerciale n'avait pas tardé à s'écarter sur ce point des principes établis par Savary et Pothier, et à appliquer la raison sociale aux sociétés en commandite (3).

Lors de la discussion du Code de commerce, Merlin protesta vivement contre cet usage qu'il trouvait abusif, et soutint que la commandite ne devait pas être astreinte à la nécessité d'un nom social et que toutes les opérations devaient pouvoir se faire sous le nom d'un seul gérant. Il s'appuyait principalement sur ce que, dans le cas où la commandite ne serait formée qu'entre deux personnes, l'emploi des mots « un tel et compagnie » manifeste au public que cette personne a un associé non commanditaire

---

(1) Jousse, ordonn. de 1673, tit. IV, *Des sociétés*.

(2) Pothier, *Traité du contrat de société*, n° 60, s'exprime, en effet, en ces termes : « La société en commandite est une société qu'un marchand contracte avec un particulier pour un commerce qui sera fait *au nom seul du marchand*. »

(3) Merlin, v° *Société*, p. 302.

mais en nom collectif. Il en concluait que les tiers seraient souvent trompés, surtout si l'on considère que la société en commandite n'est pas soumise à l'enregistrement. — A cela on répondit avec raison que la société entre marchands devait déjà, aux termes de l'ordonnance de 1673, être enregistrée, ce qui faisait disparaître une grande partie des inconvénients invoqués, et que le danger s'évanouirait complètement si le projet était adopté, puisque l'enregistrement serait exigé pour constater toute formation de société.

On décida donc que la société en commandite serait soumise à la nécessité du nom social, qui servirait à la personnifier d'une façon précise aux yeux du public ; mais, en même temps, on arrêta que la commandite devrait toujours être publiée, soit qu'elle ne réunisse que des commerçants, soit qu'au contraire elle associe des capitalistes à des négociants. Seulement, comme la publicité de la commandite lui aurait enlevé une grande partie de son utilité, puisqu'elle n'aurait plus permis de participer aux gains d'un commerce sans se faire connaître, on imagina une combinaison très-avantageuse pour sauvegarder à la fois les intérêts des tiers et ceux des commanditaires. Il fut décidé qu'on pourrait taire les noms des commanditaires, pourvu qu'en revanche on eût soin de faire connaître le montant des mises (art. 43, C. de com.).

4. — Le Code de commerce ne s'est pas borné à reconnaître la société en commandite par intérêts ; il a été plus loin et a admis la société en commandite par actions, qui offre de grands avantages sur la première. La société en commandite simple, en effet, se forme *intuitu personarum*, c'est-à-dire que les divers associés se choisissent spécialement en tenant compte de leur honorabilité, de leur capacité et de leur caractère. De cette idée fondamentale, qui préside à

sa formation, découlent les conséquences suivantes : 1° Le contrat de société pourra être annulé pour cause d'erreur dans la personne, par application de l'article 1110 du Code civil. 2° Un associé ne pourra se substituer un étranger dans la société sans avoir, au préalable, obtenu le consentement de ses co-associés (C. civ., art. 1869). 3° La société sera dissoute par la mort, l'interdiction, la déconfiture ou la faillite d'un des associés (C. civ., art. 1865).

Ces règles ne pouvaient convenir à une société qui, se chargeant d'entreprises considérables, est obligée, pour réunir les capitaux nécessaires, de s'adresser à de nombreux associés qui ne peuvent pas se connaître individuellement. Il fallait donc, tout en conservant les avantages qui découlent de la commandite simple, éviter les inconvénients qui dérivent de la considération personnelle ; en d'autres termes, il fallait reconnaître les sociétés de capitaux, dans lesquelles les associés n'envisagent pas leurs qualités personnelles, mais uniquement les mises qu'ils apportent. Grâce à ce caractère nouveau, les inconvénients précités sont écartés et la cession des parts d'associés, loin d'être interdite, est facilitée, car elle est permise d'après les statuts mêmes de la société, non pas seulement par l'emploi des modes consacrés par le droit civil, mais encore par les modes abrégés du droit commercial, tels que le transfert, l'endossement, la tradition.

5. — Ce fut précisément le but que se proposèrent les rédacteurs du Code de commerce lorsqu'ils permirent de diviser en actions le capital des sociétés en commandite (art. 38, C. de com). Malheureusement, tout en posant les bases de la société en commandite par actions, ils négligèrent de l'organiser, en la soumettant à des règles spéciales que sa nature devait nécessairement exiger. Les plus grands abus ne tardèrent pas à se produire. Dès 1837, M. Wolowski

signalait, ainsi qu'il suit, les vices inhérents à une telle organisation. « On voit, disait-il, des apports ridiculement » exagérés qui servent à faire consommer une vente très » fructueuse sous l'apparence d'un contrat de société. — » On voit une propriété immatérielle, une idée souvent la » plus ridicule, la plus vaine, destinée infailliblement à » avorter dans l'exécution, se poser comme une valeur » assise, déterminée, considérable, et s'échanger contre » des actions industrielles, qui, modifiées à dessein dans » leur nature, prennent rang à l'égal des actions de capi- » tal, participent à tous les bénéfices, et même, lorsque la » société tombe, viennent disputer à ceux qui ont éprouvé » des pertes matérielles, par la vaine confiance que cette » idée, que cette invention leur avait inspirée, les débris » du capital social. — On voit des répartitions frauduleuses » de prétendus bénéfices pris sur le capital même, et le » paiement régulier d'intérêts puisés à la même source, » qui font croire à une prospérité mensongère et facilitent » l'écoulement des actions par l'appât d'un profit imagi- » naire. — On voit enfin les gérants exercer un pouvoir » absolu et sans contrôle, disposer à leur guise du capital » de leurs associés, dont ils ne sont en réalité que les man- » dataires, persévérer, nonobstant des conseils et des avis » impuissants, dans une exploitation évidemment ruineuse, » pourvu qu'ils y trouvent un bénéfice personnel ; affran- » chis de toute espèce de surveillance, par la terreur » qu'inspire aux commanditaires une loi obscure, mal dé- » finie et qui englobe dans ses termes ambigus leurs actes » les plus insignifiants ou les plus utiles, en faisant sans » cesse peser sur leur tête la responsabilité solidaire (fruit » de l'immixtion dans la gestion), véritable épée de Damo- » clès, dont ils s'efforcent d'éviter l'atteinte, en se condam- » nant à un rôle passif et muet. — Tels sont les vices véri-

» tables qui soulèvent une réprobation unanime ; voici la » plaie qui saigne et qu'il importe de cicatriser (1). »

En 1838, le ministre de la justice présenta un projet de loi qui supprimait la commandite par actions ; mais la commission de la Chambre, comprenant que cette suppression serait une faute et que l'institution était susceptible de donner d'excellents résultats, pourvu qu'elle fût sagement organisée, substitua au projet du gouvernement une réglementation minutieuse. Le texte accepté par la commission fut déposé à la fin de la session, trop tard pour être discuté et, malheureusement, l'année suivante on n'en reparla plus, soit qu'il eût été complétement oublié, soit qu'on eût reculé devant les plaintes des spéculateurs.

6. — Après le coup d'Etat de 1851, on vit les mêmes abus se reproduire ; les sociétés en commandite en étaient même arrivées à émettre des actions si minimes, qu'elles ne constituaient plus que de véritables billets de loterie. Aussi le législateur se vit-il obligé de s'occuper à nouveau de la question, et enfin, le 17 juillet 1856, une loi nouvelle vint organiser les commandites par actions.

Cette loi mérite de nous arrêter quelques instants, car c'est elle qui a créé les conseils de surveillance. Elle réglait quatre points principaux : 1° Pour empêcher d'éblouir le public avec un capital simplement nominal, elle imposait la nécessité d'avoir un capital intégralement souscrit avant que la société pût définitivement se constituer. En même temps, afin d'écarter les souscripteurs fictifs, elle exigeait que chaque action fût réalisée au moins jusqu'à concurrence du quart de son montant (art. 1er). 2° Afin de mettre un terme à l'agiotage qui a beaucoup plus de chances de réussite, quand il s'adresse à la classe pauvre

(1) *Revue de législation*, t. VII, 1837, p. 286 et suiv.

et ignorante, et, en même temps, afin de protéger les petites économies, la loi nouvelle prohibait les coupures trop minimes et fixait le minimum des actions à 100 francs ou à 500 francs, selon l'importance du capital total (art. 1er). — 3° Afin d'empêcher les fondateurs d'une société de s'enrichir promptement en dupant les actionnaires, l'article 4 de la nouvelle loi exige que les apports qui ne consistent pas en numéraire soient soumis à une estimation contradictoire avec la masse des actionnaires, représentée par une assemblée générale. De cette façon on rendait difficile un abus que la pratique avait révélé ; un associé, au lieu de fournir sa mise en argent, apportait à la société une usine ou une industrie estimée à un prix supérieur à sa valeur réelle, et il recevait en échange de son apport un certain nombre d'actions libérées. Grâce à la précaution de l'article 4, ces majorations devenaient moins faciles. — 4° Enfin, et c'était là surtout l'innovation capitale ; comme trop souvent les gérants ou associés en nom, négligeaient les observations des actionnaires, lorsque la constitution de la société était chose accomplie, la loi permet ou plutôt ordonne à ces derniers de choisir plusieurs mandataires, dont le nombre ne pourra être inférieur à 5, et qui, sous le nom de membres du conseil de surveillance, seront chargés de vérifier les livres, la caisse, les valeurs de la société et de faire un rapport sur les distributions de dividendes (art. 5 et 8). De plus, afin de les armer contre les résistances des gérants, l'article 9 leur permet de convoquer l'assemblée générale des actionnaires et de provoquer la dissolution de la société ; mais, en même temps (art. 7 et art. 10), ce conseil pouvait être, dans certaines circonstances, rendu responsable des opérations de la société et des inexactitudes qu'il aurait sciemment laissé commettre dans les inventaires.

7. — Examinons quelle était au juste la portée de cette dernière réforme qui nous intéresse plus particulièrement.

La loi de 1856 n'a pas créé de toutes pièces l'institution des conseils de surveillance près des sociétés en commandite par actions; depuis longtemps, au contraire, la pratique avait déjà introduit cet usage. Les actionnaires n'avaient pas tardé, en effet, à comprendre combien il était dangereux de laisser les gérants maîtres absolus des affaires de la société, et de leur permettre de tout diriger sans contrôle; aussi les capitalistes montrèrent-ils moins d'empressement à confier leurs fonds aux sociétés en commandite par actions. Les fondateurs gérants résolurent alors de donner satisfaction aux plaintes du public et consentirent à s'adjoindre un conseil de surveillance. Désormais, dans presque toutes les sociétés en commandite par actions, il y eut à côté des gérants un conseil de surveillance. Toutefois c'était là une garantie plus apparente que réelle, car, choisis le plus souvent par les gérants eux-mêmes, les membres du conseil étaient disposés à fermer les yeux sur les irrégularités qu'ils pourraient apercevoir. L'institution offrait, dans ces conditions, plus d'inconvénients que d'avantages, et le contrôle exercé était plutôt nominal qu'effectif. Aussi l'opinion publique était-elle unanime à réclamer une réforme et à appeler sur ce point l'attention du législateur.

Le nouveau projet ne passa pas toutefois sans de violentes protestations; notamment, le principe de la responsabilité des conseils de surveillance souleva de vives critiques qui eurent leur écho jusqu'à la tribune de la Chambre.

Sans doute, disait-on, les actionnaires des sociétés en commandite sont trop désarmés en face de l'omnipotence des gérants, et les conseils de surveillance surveillent le moins possible, mais il faut avouer que la loi nouvelle leur crée une singulière situation. S'ils veulent éclairer le gérant et exercer quelque influence sur ses actes, ils craignent que l'acte le plus insignifiant de leur part soit considéré comme un acte d'immixtion dans la gérance et ne les rende responsables avec le gérant, par application des articles 27 et 28 du Code de commerce. Si, au contraire, ils se bornent à vérifier les inventaires, un gérant quelque peu habile pourra facilement dissimuler à leurs yeux des fraudes et des inexactitudes. Ce n'est pas tout ; des inventaires parfaitement loyaux et exacts peuvent, par suite de circonstances postérieures, paraître avoir été fictifs. Il n'est pas un inventaire qui pourrait être dressé de manière à donner l'entière conviction que, plus tard, après six mois, après un an, les membres du conseil ne seraient pas, pour ce fait, à la merci de la malveillance d'un actionnaire.

Aussi qu'arrivera-t-il? C'est qu'on sera dans l'impossibilité de trouver des hommes honorables, des hommes sérieux ayant quelque chose à perdre en fortune et en considération, qui consentent à faire partie d'un conseil de surveillance; quant à ceux qui ont accepté précédemment ces fonctions, ils s'empresseront de se retirer, parce qu'il leur serait désormais impossible de dormir tranquilles. La loi, loin d'améliorer les garanties des actionnaires, ne fera que les diminuer, car les gérants seront réduits à chercher parmi les actionnaires des personnes plus ou moins bien placées, auxquelles ils seront obligés de donner une part de bénéfices. Le véritable remède, ajoutait-on, ne consiste pas dans la responsabilité des membres du conseil, mais, au contraire, dans leur irresponsabilité complète. A cette condition seulement, on aurait des hommes offrant de véritables garanties, car personne ne craindrait plus d'entrer dans les conseils de surveillance (1).

8. — Certains membres voulaient aussi restreindre les pouvoirs des gérants et accroître en même temps ceux du conseil de surveillance ; mais M. Langlais, rappôrteur de la loi, répondit qu'on ne pouvait pas admettre que le conseil de surveillance fût ainsi transformé en une sorte de conseil des Dix, se mêlant de tout et, néanmoins, restant irresponsable. Ce serait renverser la commandite, pour y substituer une ombre de société anonyme avec un conseil de surveillance irresponsable. Ce serait là, d'ailleurs, un système qui ne serait pas nouveau ; c'est précisément celui qui existait au moment de la rédaction du Code de commerce, et l'essai n'en avait pas été heureux. Sous le Directoire, les sociétés avaient à leur tête des gérants purement nominaux, des hommes de paille ; le conseil de surveillance dirigeait tout, percevait tous les profits ; puis, si la société venait à être ruinée, les créanciers restaient en présence d'un gérant insolvable. On arriverait certainement au même résultat si on admettait un changement aussi grave dans les attributions du conseil de surveillance.

9. — La loi nouvelle, ajoutait le rapporteur, définit quels sont les pouvoirs des membres du conseil de surveillance ; ils pourront donc exercer leur mandat en toute sécurité, sans craindre de se voir reprocher des actes d'immixtion, et, certainement, le gérant honnête d'une société en bonne position trouvera toujours facilement cinq actionnaires pour composer son conseil de surveillance. « Laissez agir les intérêts ; lorsque seront en présence non plus des actionnaires d'un jour, que le gérant aura recru-

(1) Discours de M. Kœnigswarter au Corps législatif, séance du 30 juin 1856 (*Moniteur* du 2 juillet). — Dans le même sens, discours de M. Morin.

tés, mais des souscripteurs dont on saura les noms, qui auront versé déjà le quart de leur souscription, qui seront responsables, ces intéressés trouveront bien, entre eux, cinq hommes honorables pour veiller à la conservation de la propriété commune. On aura un véritable contrôle (1). »

Du reste, disait encore le rapporteur, la responsabilité du conseil de surveillance se justifie très facilement et la loi nouvelle n'apporte aucun changement, ni aux attributions, ni aux devoirs du conseil de surveillance. La loi ne crée pas : elle déclare, elle rappelle des obligations trop oubliées et trop méconnues. La surveillance est un mandat qui impose des devoirs et des obligations qui naissent de la nature même des choses. Qui dit conseil de surveillance, indique assez les devoirs de ceux qui le composent. Ces devoirs mal compris ont souvent été négligés ; la loi les leur rappelle, et en montre les conséquences ; personne ne peut raisonnablement s'en plaindre, et, si elle a pour effet d'éloigner des conseils de surveillance ces surveillants de complaisance que le gérant choisit pour ne rien voir et tout approuver , ne devra-t-on pas, au contraire, accueillir ce résultat avec reconnaissance?

La loi fut votée par 221 suffrages contre 12 sur 233 votants, à la séance du 30 juin 1856.

Il faut, toutefois, remarquer qu'immédiatement après la promulgation de la loi, certains membres de conseils de surveillance se sont vivement émus des obligations que la loi leur imposait ; mais, peu à peu, cette agitation s'est calmée et les conseils de surveillance n'ont pas été désorganisés, malgré les prévisions alarmistes qui avaient été présentées au cours de la discussion. Après un instant d'hésitation, la plupart des membres des conseils de sur-

---

(1) Rapport de M. Langlais, D. P., 1856, 4e partie.

veillance consentirent à conserver ou à reprendre leurs fonctions et même à faire partie de nouveaux conseils (1).

10. — La loi de 1856 était pourtant loin d'être parfaite, et bientôt on comprit la nécessité de la modifier. C'est dans ce but qu'intervint la loi de 1867, dont nous allons rapidement esquisser les innovations en ce qui touche la responsabilité des conseils de surveillance, nous réservant d'examiner plus loin cette question avec détail.

Ce qui surtout motivait les critiques adressées à la loi de 1856, c'était l'obscurité de ses dispositions. Les membres du conseil de surveillance ne manquaient pas de prétendre, quand ils étaient actionnés en responsabilité, que, le législateur ayant pris soin de déterminer leurs devoirs et les cas où ils encourraient une responsabilité, ils ne devaient pas être soumis en dehors des cas textuellement prévus, aux règles du droit commun en matière de mandat; et se retranchant derrière l'article 10 de la loi de 1856, ils prétendaient imposer aux demandeurs la preuve qu'ils *avaient connu* les inexactitudes graves dans les inventaires et *su* de la même manière que la distribution des dividendes n'était pas justifiée par des inventaires sincères et réguliers (2).

Cette prétention avait été consacrée à plusieurs reprises par la jurisprudence. C'est ainsi que la Cour de Paris disait le 15 juillet 1862 : « Que s'il est établi que, par leur » *ignorance* des affaires de la société, ils (les membres du » conseil de surveillance) ont compromis l'intérêt des » tiers, il ressort des faits de la cause qu'en approuvant » les faits falsifiés, *ils n'ont pas agi sciemment ni par une*

(1) Duvergier, *Collection des lois*, 1856, p. 313.

(2) Rapport de M. Mathieu.

» *complicité coupable avec le gérant;* qu'ils ne peuvent donc
» à bon droit être déclarés responsables dans les termes de
» la loi du 17 juillet 1856. »

La Chambre des Requêtes, saisie de cet arrêt, rejeta le pourvoi le 21 décembre 1863 en décidant (1) : « Que l'ar-
» ticle 10 n'inflige la solidarité aux membres du conseil de
» surveillance pour avoir laissé commettre des inexacti-
» tudes graves et préjudiciables à la société et aux tiers,
» *qu'autant qu'ils ont agi sciemment*, et que l'arrêt déclare
» que cette dernière condition n'existait pas dans l'espèce. »

Dans tous les cas, même en admettant que l'indication des trois hypothèses mentionnées dans la loi de 1856 n'était pas limitative, et que, en dehors de celles-ci, les membres du conseil pouvaient encourir une responsabilité, il était difficile de permettre aux créanciers de l'invoquer; car, dérivant alors d'un mandat purement conventionnel, puisque la loi ne l'établissait pas, cette responsabilité ne devait être encourue par les mandataires qu'à l'égard de leurs mandants, c'est-à-dire qu'à l'égard des actionnaires.

11. — Quoi qu'il en soit, la loi du 24 juillet 1867 voulant mettre fin à ces équivoques, proclama que les règles du mandat seraient applicables aux membres du conseil de surveillance; par suite, la faute lourde, la négligence impardonnable, engagèrent leur responsabilité.

Malgré ces sages précautions, et, bien qu'en principe il ne puisse guère subsister de doute sur l'étendue de la responsabilité des membres du conseil, la question est, dans la pratique, hérissée de difficultés. Journellement les tribunaux sont saisis d'espèces fort délicates, dans lesquelles on peut se demander si les faits reprochés constituent des manquements aux devoirs dont sont chargés les membres

(1) Rejet, 21 décembre 1863, D. P., 64, 1, 156.

du conseil ; si ces faits suffisent à engager la responsabilité du conseil, enfin si, cette responsabilité étant établie, il n'y a pas lieu de tenir compte de certaines conditions extrinsèques pour la mitiger. Pour arriver à résoudre ces points de fait avec quelques chances de succès, il faut, au préalable, déterminer avec soin quelles sont les attributions des membres du conseil de surveillance, quelle est la responsabilité qui peut atteindre ces derniers lorsqu'ils ne s'acquittent pas régulièrement de leurs devoirs, et comment elle doit être invoquée, etc. Ces principes une fois établis, il suffira d'en faire l'application aux espèces particulières qui pourront se présenter, mais en modifiant leur portée d'après les circonstances spéciales de chaque cause. A cette condition seulement, les solutions particulières que l'on donnera, se rattacheront toutes à une règle juridique et ne seront pas uniquement inspirées par les circonstances de la cause. Persuadé que c'est la seule marche rationnelle à suivre, nous nous efforcerons d'établir ces règles générales, puis ensuite, d'en tirer, à titre d'exemples, quelques solutions pratiques. Mais désirant présenter une étude complète sur les conseils de surveillance, nous allons auparavant en étudier l'organisation.

PREMIÈRE PARTIE

ORGANISATION ET ATTRIBUTIONS

DU CONSEIL DE SURVEILLANCE

CHAPITRE I

ORGANISATION ET COMPOSITION DU CONSEIL DE SURVEILLANCE

§ 1

Nécessité d'un conseil de surveillance.

12. — La loi de 1867 (1), comme celle de 1856, exige un conseil de surveillance près de chaque société en commandite. Nous avons expliqué dans notre introduction les motifs qui ont conduit à imposer cette obligation, et nous n'y reviendrons pas ici. Qu'il nous suffise de rappeler que l'existence d'un conseil de surveillance est un contre-poids nécessaire pour contrebalancer l'autorité du gérant dont il a mission de surveiller les agissements.

13. — Le conseil de surveillance représente les actionnaires et eux seuls, cela est certain ; mais il ne faudrait pas en conclure que l'assemblée générale des actionnaires pourra

---

(1) Art. 5, § 1 : « Un conseil de surveillance composé de trois actionnaires au moins est établi dans chaque société en commandite par actions. »

décider qu'il n'y aura pas de conseil de surveillance auprès du gérant de la société. En effet, la loi assure à tout actionnaire, par une disposition formelle, le droit d'être représenté par un conseil nommé suivant les règles qu'elle prescrit, et il ne peut appartenir aux autres actionnaires, quelque nombreux qu'ils soient, de priver de cette garantie ceux qui ne veulent pas y renoncer. D'ailleurs, les dispositions légales qui prescrivent la nomination d'un conseil sont des règles d'ordre public ; cela résulte des motifs qui ont inspiré le législateur en cette matière ; les actionnaires ne peuvent y déroger par des conventions particulières (argument tiré de l'article 6 du Code civil). Aussi faut-il décider que la minorité pourrait certainement demander la nullité de la décision prise par la majorité. — Nous allons même plus loin, et nous pensons que les tiers qui auraient traité avec la société pourraient, eux aussi, s'ils y avaient intérêt, réclamer la nomination d'un conseil ou demander, s'ils le préfèraient, l'annulation des traités qui les lient à la société en se fondant sur ce que celle-ci n'offre pas les garanties sur lesquelles ils avaient compté.

§ 2

Quand le conseil de surveillance doit-il être nommé?

14. — Le conseil de surveillance doit, aux termes de l'article 5, al. 2, être nommé immédiatement après la constitution de la société et avant toute opération sociale. Déterminons quel est exactement le sens de cette disposition.

En thèse générale, la société (art. 1) n'est définitivement constituée qu'après la déclaration du gérant, constatée par un acte notarié, que la totalité du capital social est souscrite et que le versement du quart de chaque action est effectué. Cela ne suffit même pas lorsqu'un associé a fait des apports en nature, car, dans cette hypothèse, la constitution définitive de la société est retardée jusqu'au moment où la valeur attribuée à l'apport a été approuvée par les actionnaires, délibérant dans les formes indiquées par l'article 4 de la loi du 24 juillet 1867.

Quand ces différentes formalités sont remplies, la société est définitivement constituée, et *immédiatement* il doit être procédé à la nomination du conseil de surveillance.

15. — Pourtant, ce mot *immédiatement* ne doit pas être pris à la lettre. La loi veut dire seulement qu'on doit faire cette nomination le plus rapidement possible, mais elle ne fixe aucun délai de rigueur sanctionné par la nullité. Dans la pratique, cette exigence eût été impossible à satisfaire, car souvent certains obstacles peuvent s'opposer d'une façon absolue à la nomination du conseil de surveillance.

16. — Toutefois, les opérations sociales ne doivent jamais commencer avant la nomination du conseil de surveillance. Si, au mépris de cette prohibition, le gérant avait commencé les opérations sociales, il serait passible d'une amende de 500 à 10,000 francs (art. 13) et la société serait nulle (art 7). Cette nullité encourue à l'égard des intéressés ne peut pas cependant être opposée aux tiers.

M. Bravard a vivement critiqué, dans son commentaire de la loi de 1856, cette dernière disposition que le législateur de 1867 s'est borné à reproduire. Selon lui, elle est illogique, car la société ne sera pas véritablement constituée, si l'on n'a pas procédé à la nomination du conseil de surveillance. La loi, en employant les termes : « est nulle et de nul effet toute société *constituée contrairement à l'une des prescriptions* sus-énoncées, » a montré clairement qu'il s'agit de conditions relatives *à la constitution même* de la société. Si ces conditions n'ont pas toutes été remplies, la société n'est pas constituée, elle est inexistante, et cela à l'égard de tous; par suite, logiquement, les souscripteurs devraient pouvoir opposer cette nullité aux tiers (1). — Cette critique nous semble peu fondée, car la société n'est pas inexistante par cela seul qu'il n'y a pas de conseil de surveillance. Ceci ressort du texte même de l'article 7 qui suppose la société *constituée.*

17. — La nomination du conseil ne se confond donc pas avec la constitution de la société; ce sont deux choses essentiellement distinctes. La constitution de fait peut avoir lieu indépendamment de cette nomination; aussi une société peut-elle avoir, en l'absence d'un conseil de surveillance, une existence de fait à défaut d'une existence juridique. On s'explique alors facilement la décision de la loi : la société a fonctionné, elle a eu une existence de fait, c'est ce qui justifie l'engagement des souscripteurs envers les tiers.

18. — La nullité prononcée par l'article 7 est une nullité absolue, qui ne pourrait être couverte par la nomination tardive d'un conseil de surveillance (2).

Elle peut être invoquée par toute personne intéressée, même par le gérant (3), qui, cependant, est responsable de cette fraude à la loi.

---

(1) En ce sens, Bravard-Veyrières, *Droit commercial,* I, p. 299.

(2) Rivière, *Commentaire de la loi de 1867,* n° 76. — Bédarride, *Commentaire de la loi de 1867,* n° 184.

(3) Cassat., Ch. civ., 3 juin 1862 (D. P., 63, I. 24) : « Attendu que sa qualité de gérant peut l'exposer à subir les conséquences des actes auxquels il aurait participé, mais qu'elle ne met pas obstacle à ce que les nullités d'ordre public qui auraient vicié la société dans son essence, au moment même de sa formation, ne soient invoquées par lui aussi bien que par tout autre intéressé. »

§ 3

Qui peut être nommé membre du conseil de surveillance?

19. — Pour faire partie du conseil (art. 5), il faut être actionnaire. La loi nouvelle, comme celle de 1856, a considéré que « des associés ne peuvent raisonnablement confier la défense de leurs intérêts qu'à ceux avec lesquels ces intérêts sont communs (1). » On a pensé, en somme, que les membres des conseils apporteraient plus de diligence dans leurs fonctions, s'ils étaient eux-mêmes intéressés à la prospérité de la société.

20. — Que devra-t-on décider dans le cas où une personne, valablement désignée pour faire partie du conseil de surveillance, aliène toutes les actions qu'elle possédait? — A notre avis, il faut répondre sans hésiter que, perdant le droit de faire partie du conseil, cette personne deviendrait par là-même démissionnaire (2). Aussi l'assemblée générale devrait-elle pourvoir à son remplacement sans délai.

Le membre du conseil, qui se trouve dans cette situation, doit immédiatement faire connaître au gérant l'aliénation de ses actions ; s'il ne le fait pas, et si, par suite de cette négligence, le conseil de surveillance ne renferme plus un nombre suffisant d'actionnaires, les intéressés pourraient demander la nullité de la société, pour inobservation de l'article 5, et faire déclarer responsable des conséquences de cette nullité le membre du conseil qui a ainsi cessé d'être

(1) Exposé des motifs de la loi de 1856, *Collection des lois*, Duvergier, 1856, p. 316.

(2) Dalloz, *Répertoire*, v° *Société*, n° 1208. — Bravard, p. 37. — Vavasseur, *Sociétés civiles et commerciales*, édit. de 1878, n° 577.

actionnaire (1). Une excellente précaution, pour éviter ces difficultés et mettre la société à l'abri de tout danger de ce genre, consisterait à insérer dans les statuts une clause obligeant les membres du conseil à laisser attachée à la souche au moins une action. De cette façon le gérant sera nécessairement averti de leur intention de cesser d'être actionnaires s'ils désirent vendre cette action, et il pourra prendre ses mesures en conséquence. Cette clause ne lésera, du reste, en rien les droits de l'actionnaire, qui sera toujours libre de céder son action; et, en même temps, elle n'offre que des avantages pour la société.

21.—On pourrait même, quoique cela eût été plus discuté, insérer dans les statuts une clause obligeant tout membre du conseil à posséder un certain nombre d'actions, dix actions par exemple. — (M. Bédarride, n° 139), a vivement combattu la validité d'une telle clause, qui, selon lui, ne doit pas être tolérée, parce qu'elle aurait pour résultat infaillible de livrer le conseil de surveillance aux plus riches et d'en exclure peut-être les plus capables. La masse des actionnaires, ajoute-t-on, n'aura plus alors aucune influence dans la société; le contrôle va appartenir exclusivement à quelques-uns, car on ne pourrait certes pas considérer comme les mandataires de la masse des actionnaires, ceux qui auront été désignés aux fonctions de membres du conseil, bien plus par le nombre des actions qu'ils possédaient que par le choix des actionnaires. Il arriverait même, si trois ou quatre actionnaires seulement avaient souscrit le nombre d'actions réglementaire, que le choix serait complètement supprimé en fait; l'assemblée générale serait transformée en chambre d'enregistrement. Une clause, qui peut produire de tels résultats, porte trop ouverte-

---

(1) Bédarride, n° 137. — *Contra*, Vavasseur, n° 577.

ment atteinte à la liberté des associés pour qu'on puisse en admettre la validité.

Nous reconnaissons que, au premier abord, ces raisons paraissent décisives, mais cependant, elles ne peuvent résister à un examen sérieux. En effet, si la clause en question peut avoir pour conséquence de restreindre la liberté des actionnaires, ceux-ci ne peuvent évidemment s'en prendre qu'à eux-mêmes. Qui donc a consenti cette restriction? Qui donc a pensé que les inconvénients d'une telle mesure seraient plus que compensés par le supplément de garanties qu'offriraient des membres du conseil de surveillance plus intéressés à la prospérité de la société? Les souscripteurs, il est vrai, se sont peut-être trompés ; mais alors pourquoi ne supporteraient-ils pas les conséquences de leur erreur? En vain, nous dirait-on que, la plupart du temps, les actionnaires n'auront pas consenti en pleine connaissance de cause, puisque, selon l'aveu même du rapporteur de la loi de 1867, il arrive fréquemment « qu'aucun » actionnaire n'a lu le pacte social, et qu'ils ne connaissent » que le bulletin au pied duquel ils apposent leur signa- » ture. » Selon nous, les actionnaires seraient mal venus à invoquer de tels arguments, car on pourra toujours leur répondre : vous ne deviez pas souscrire sans vous faire présenter les statuts ; si vous avez négligé cette précaution, vons êtes en faute et vous ne pouvez aujourd'hui vous fonder sur votre imprudence pour soutenir que vous ne connaissiez pas ces dispositions statutaires qui forment maintenant la loi des associés.

Dans ces conditions, le principe de la liberté des conventions conduit donc nécessairement à faire admettre la validité de la clause dont il s'agit. Tel a certainement été le système du législateur. — On a, il est vrai, essayé de soutenir le contraire, en se prévalant de ce qu'en 1856 le

Corps législatif avait repoussé les amendements qui tendaient à introduire dans la loi la clause en question. Il est évident, cependant, qu'en refusant d'ériger cette stipulation en clause obligatoire, le législateur n'a pas manifesté par cela seul l'intention de la proscrire quand elle aurait été librement débattue ou consentie par les souscripteurs. Il a considéré qu'il était impossible de fixer d'une manière uniforme le nombre des actions nécessaires pour être éligible, ce nombre devant nécessairement varier, puisque, pour le fixer, il faut tenir compte du montant de l'action, de l'importance du capital social, etc. (10 actions peuvent être suffisantes si elles sont de 1,000 francs chacune, insuffisantes si elles sont de 500 etc). Tous ces éléments sont variables ; on devait donc craindre, en fixant un chiffre déterminé à l'avance, d'exiger un nombre d'actions soit trop faible, soit trop considérable relativement à telle ou telle société. C'est ce qui a déterminé le législateur à ne pas fixer un nombre minimum d'actions ; mais toute liberté est laissée sur ce point aux actionnaires ; ceci ressort clairement du rapport de M. Langlais : « La loi n'a pas à » intervenir dans ces sortes de stipulations ; ... la loi qui » voudrait prévoir et réprimer tous les abus serait une loi » aussi vaine *que contraire à la liberté des transactions.* » On est autorisé à dire : puisque la loi n'est pas intervenue dans ces sortes de stipulations, elle n'a pas pu les défendre.

Du reste, si les actionnaires se repentent d'avoir consenti cette clause, parce qu'elle rend inéligible un homme doué de capacités spéciales, ils auront un moyen simple d'en écarter les fâcheuses conséquences. Il leur sera loisible d'investir gracieusement cet actionnaire du nombre d'actions exigé par les statuts (1).

(1) Jugé que des actions données suffisent, Cour de Paris, 26 juillet 1861 (Sirey, 1862, II, 35).

22. — Dans le cas où la clause dont nous venons de parler existera, les personnes qui accepteront de faire partie du conseil de surveillance, seront considérées comme ayant souscrit le nombre d'actions exigé par les statuts, et pourront être condamnées au versement du montant de ces actions (1). — Pour justifier cette solution, M. Dalloz soutient que l'actionnaire qui ne possède pas le nombre d'actions prévu par les statuts, et qui accepte néanmoins les fonctions de membre du conseil, induit en erreur les intéressés et leur cause un préjudice, dont la réparation naturelle consistera précisément dans le versement des actions qu'il était tenu de posséder. — Nous rejetons cette explication, car nous nous demandons en vain quel préjudice aura causé cet actionnaire, s'il a néanmoins surveillé aussi activement qu'aurait pu le faire toute autre personne ; en somme, il y a erreur toujours et préjudice quelquefois seulement. — Aussi, le motif qui nous détermine à admettre la théorie consacrée par l'arrêt de la Cour est tout autre. En présence de la clause des statuts exigeant la possession d'un nombre déterminé d'actions, les intéressés ont dû croire que tout actionnaire, qui acceptait les fonctions de membre du conseil, remplissait ces conditions. L'acceptation de l'actionnaire a fait naître une sorte de quasi-contrat, par lequel il s'est engagé tacitement envers tous les intéressés à posséder le nombre d'actions fixé par les statuts. S'il ne les possède pas, ceux qui ont compté sur son engagement peuvent le forcer à acquitter l'obligation qu'il a contractée, c'est-à-dire exiger le versement du montant de ces actions.

23. — Tout actionnaire qui remplit les conditions exigées par les statuts peut être élu membre du conseil de surveillance. Il n'y a pas, sous ce rapport, d'incompatibilité

---

(1) Cour de Paris, 16 avril 1861 (D. P., 61, 2, 122).

qui puisse vicier l'élection (1). Aussi les fonctionnaires qui, malgré la défense émanant de leurs supérieurs, et les personnes qui, au mépris des réglements régissant leur profession, consentiraient à faire partie d'un conseil de surveillance, seront valablement élus, sauf, bien entendu, à encourir de ce chef des peines disciplinaires.

24. — On s'est demandé si les membres du conseil de surveillance auraient le droit de se faire remplacer par un fondé de pouvoirs, comme pourraient le faire des mandataires ordinaires (art. 1994, C. civil). La question fut soulevée, lors de la discussion de la loi de 1856, par un membre du Corps législatif, et la réponse du rapporteur fut que la chose « était évidemment impossible (2) ». Personne n'ayant réclamé, la négative était certaine sous l'empire de la loi de 1856, et, comme aucune tendance contraire n'a été manifestée lors de la discussion de la loi de 1867, on doit encore admettre la même solution. Cette prohibition s'explique facilement ; il est évident qu'ici les actionnaires

(1) Le baron de Janzé avait présenté un article additionnel aux termes duquel : « Dans toute société qui recevra une subvention ou une garantie d'intérêts, aucun membre du Sénat ou du Corps législatif ne pourra faire partie du conseil d'administration ni du conseil de surveillance » (Duvergier, *Coll. des lois*, année 1867, p. 263).

Cet article, qui aurait créé une véritable incompatibilité, fut rejeté sous le prétexte qu'il était déplacé dans une loi sur les sociétés, et qu'il viendrait plus à propos dans une loi d'ordre politique. Ce n'était pas là le vrai motif; on craignit surtout d'atteindre un certain nombre de députés et de sénateurs qui étaient membres d'un conseil de surveillance.

Il est à regretter que le Corps législatif n'ait pas cru devoir adopter cet article, car on doit toujours éviter avec soin de placer les hommes entre leur intérêt et leur devoir. Il n'est pas bon que chacun des votes de certains représentants doive être un acte de vertu. Aussi, disait l'auteur de la proposition : « Un pareil amendement ne se développe pas, il se lit; et quand lecture en a été faite, on s'adresse à l'honnêteté de la Chambre pour en obtenir l'adoption. »

(2) Duvergier, *Lois de 1856*, p. 345.

sont guidés dans leurs choix en considérant la capacité, les aptitudes spéciales, l'honnêteté des candidats, toutes choses qui ne pourraient se transmettre par une délégation (1).

§ 4

Par qui est nommé le conseil de surveillance ?

25. — Voulant complètement rompre avec les anciens errements qui permettaient aux gérants de choisir eux-mêmes les membres des conseils de surveillance, la loi de 1867, à l'exemple de celle de 1856, confie ce soin à l'assemblée générale des actionnaires.

S'il n'existe aucun apport en nature, ni aucune stipulation d'avantages particuliers, la société est définitivement constituée par la déclaration prescrite au gérant, aux termes de l'article 1er de la loi de 1867, et il devient alors indispensable de convoquer une assemblée générale pour procéder à la nomination du conseil de surveillance.

Mais, s'il y a eu des apports en nature ou des stipulations d'avantages particuliers, la constitution définitive ne pourra avoir lieu qu'après l'approbation par l'assemblée des actionnaires, tenue comme le prescrit l'article 4, de la valeur estimative qui leur a été attribuée par les apporteurs ou les stipulants. Dans ce cas, devra-t-on immédiatement et séance tenante, procéder à la nomination du conseil de surveillance, ou devra-t-on, au contraire, la renvoyer à une assemblée convoquée spécialement à cet effet? — Rien ne s'oppose à ce qu'on renvoie la nomination à une

(1) En ce sens : Dalloz, v° *Société*, n° 1216. — Bédarride, n° 146.

assemblée spéciale (1). Toutefois, nous pensons qu'il vaudra mieux nommer le conseil dans le cours de la réunion de l'assemblée convoquée pour vérifier les apports (2). Nous sommes déterminé par les raisons suivantes : d'abord, en agissant ainsi, on réalisera une notable économie de temps, et on entrera dans les vues du législateur qui, en employant le mot *immédiatement*, a manifesté son intention d'éviter les retards. De plus, par suite même de son importance et des conditions dont elle est entourée par la loi pour pouvoir délibérer valablement, cette assemblée sera d'ordinaire plus nombreuse qu'une autre assemblée à laquelle les actionnaires, se souciant peu de se déranger à nouveau, négligeront peut-être de se rendre. — Du reste, on ne peut invoquer aucune raison sérieuse pour refuser le droit de nomination du conseil de surveillance à l'assemblée qui vient d'être appelée à approuver l'estimation des apports, si, par les lettres de convocation, les actionnaires ont été informés que, immédiatement après le vote sur les apports, l'assemblée procéderait à l'élection des membres du conseil. Ils ont ainsi été mis à même de se consulter pour former à loisir une liste de candidats à ces délicates fonctions.

Dans le cas où l'assemblée des actionnaires chargée de vérifier les apports est aussi appelée à nommer le conseil de surveillance, l'élection serait valablement faite quand même aucun candidat n'aurait pu réunir la majorité spéciale édictée par l'article 4. En effet, l'article 5, qui règle la nomination des membres des conseils de surveillance, exige seulement qu'ils soient nommés par l'assemblée gé-

---

(1) Alauzet, n° 463. — Mathieu et Bourguignat, n° 57.

(2) En ce sens : Rivière, n° 56. — Bédarride, n° 141. — Vavasseur, *Société civile et commerciale*, 2e édit., n° 569.

nérale. Or, en l'absence d'une disposition particulière, on rentre nécessairement dans le droit commun, d'après lequel les décisions de tout corps délibérant sont prises à la majorité des membres présents (1). La majorité numérique suffira donc; il ne sera pas besoin de rechercher si elle représente le quart des actionnaires et *le quart du capital social*, sauf, bien entendu, le cas où les statuts en auraient autrement décidé.

26. — C'est donc une assemblée générale des actionnaires qui doit nommer le conseil de surveillance; mais comme une telle assemblée qui, en fait, peut se composer d'un grand nombre de membres, ne se réunit pas spontanément, déterminons quelles sont les personnes chargées de la convoquer. Ce soin revient tout naturellement au gérant, mieux placé que tout autre pour s'en acquitter. Aussi la loi l'a-t-elle chargé implicitement de ce soin en prononçant des peines contre lui, s'il commence les opérations sociales avant l'entrée en fonctions du conseil de surveillance.

Il a donc le devoir d'en provoquer immédiatement la formation. En tardant à le faire, il pourra causer souvent un grave préjudice aux souscripteurs d'actions, puisqu'il empêche de commencer les opérations sociales. Ceux-ci pourraient demander au tribunal de commerce que, dans un certain délai à partir de la décision à intervenir, le gérant fût tenu de faire procéder à la nomination du conseil, sinon de payer tant par jour de retard (2). — Mais il ne faut pas se le dissimuler, ce remède sera souvent inefficace, car il n'empêchera pas, d'une façon absolue tout au moins, le gérant récalcitrant de persister dans son mauvais vouloir. Aussi doit-on regretter que la loi nouvelle ne se soit

(1) Rivière, n° 58.

(2) Bédarride, n° 142.

pas appropriée la disposition du projet de 1838 amendée par la commission de la Chambre des députés, qui décidait que, à défaut de convocation par le gérant dans le délai fixé à cet effet, cette convocation serait autorisée par le *président du tribunal de commerce,* sur la demande d'un ou de plusieurs actionnaires.

27. — Cependant les actionnaires ne sont pas tout à fait désarmés, et s'ils ne peuvent s'adresser au président pour obtenir cette autorisation, nous croyons qu'ils pourront porter la question devant le tribunal de commerce. Cette juridiction sera compétente (art. 631, 2°, C. de com.) et les juges consulaires pourront, par application de l'article 1144, C. civil, autoriser les demandeurs à effectuer eux-mêmes l'obligation que le gérant refuse d'accomplir.

Mais, bien entendu, alors même qu'on reconnaît aux actionnaires le droit individuel de provoquer la réunion de l'assemblée, on ne peut les rendre responsables de ne pas avoir usé de ce droit (1), car la loi ne leur en fait pas une obligation. On ne peut donc reprocher à un actionnaire son inaction, alors que rien ne le force à assister même à l'assemblée régulièrement convoquée.

28. — Les souscripteurs d'actions pourraient-ils, dans le cas où le gérant se refuserait à convoquer l'assemblée chargée de nommer le conseil, invoquer l'article 1184 du Code civil et demander la résiliation de leur souscription? L'affirmative qui, au premier abord, semble assez rationnelle, doit

---

(1) L'irresponsabilité des actionnaires a été reconnue : Amiens, 16 janvier 1875 (D. P., 77, II, 57).

La Cour, toutefois, ne leur reconnaît pas même le droit de convocation : « Attendu que la seule autorité sociale qui, en dehors du gérant, puisse convoquer l'assemblée générale, est, d'après l'article 9 de la loi (aujourd'hui art. 11), le conseil de surveillance lui-même quand il est établi : d'où il résulte que jusque-là la convocation ne peut être faite que par le gérant ou les fondateurs de la société lorsqu'ils sont autres que le gérant. »

cependant être rejetée. Nous pensons, en effet, que s'il est vrai que les souscripteurs se sont engagés conditionnellement (sous la condition que les formalités légales seraient remplies par le gérant), il ne faut, néanmoins, pas perdre de vue que leur demande rejaillirait en fait sur les autres souscripteurs, qui pourtant n'ont aucune faute à se reprocher; que, bien plus, elle tendrait à détruire immédiatement la société, puisque, si la souscription d'une ou plusieurs actions est résiliée, le capital social ne sera plus, par là même, intégralement souscrit et la société ne sera plus constituée.

§ 5

Combien le conseil de surveillance doit-il comprendre de membres?

29. — La loi de 1867 n'exige plus que 3 membres (sous l'empire de la loi de 1856, il en fallait 5). Ce nombre restreint ne fut pas adopté sans de vives discussions ; on craignait que l'absence ou la maladie de 2 de ses membres, n'empêchassent souvent le conseil de délibérer. On finit cependant par se ranger aux observations du rapporteur qui fit remarquer qu'il n'est pas toujours facile de trouver 5 personnes disposées à faire partie d'un conseil de surveillance.

Du reste, afin d'éviter toutes difficultés, il sera prudent de nommer un nombre de membres supérieur au minimum légal, ou tout au moins de désigner des suppléants, de façon que les membres du conseil puissent toujours se réunir en nombre suffisant (1). On aura ainsi l'avantage d'évi-

(1) Dalloz, n° 1215. — Vavasseur, n° 571.

ter la convocation d'assemblées générales toujours difficiles à réunir.

30. — Dans le cas où le conseil de surveillance doit comprendre plus de 3 membres, l'assemblée générale pourra-t-elle valablement désigner aux fonctions de membres du conseil trois actionnaires, puis ensuite des personnes étrangères à la Société? — On a essayé de soutenir l'affirmative (1) en disant que la loi exige seulement que le conseil renferme 3 actionnaires, mais n'impose nullement l'obligation *de n'y faire entrer que des actionnaires.* Nous croyons cette solution inadmissible en présence du texte de l'article 5, qui en employant l'expression « composé de 3 actionnaires au moins », indique d'une façon évidente que la qualité d'actionnaire est une condition essentielle pour être éligible. Si, du reste, on conservait le moindre doute à cet égard, l'intention du législateur suffirait pour éclairer le texte. On sait, en effet, qu'il a voulu éloigner du conseil les personnes étrangères à la Société; or, ce résultat ne serait pas atteint si l'on pouvait ainsi adjoindre des étrangers aux actionnaires membres du conseil. Au surplus, il sera toujours facile de remplir les conditions légales; il suffira de procurer une action à la personne que l'on veut nommer et on lui communiquera ainsi la qualité d'actionnaire. (Cpr. n° 21, *in fine.*)

31. — Une espèce délicate s'est présentée. On sait qu'aux termes de l'article 5 le conseil de surveillance doit se composer de 3 actionnaires au moins; qu'arrivera-t-il donc si, toutes les actions se trouvant dans les mains de un ou de deux actionnaires seulement, il est impossible de réunir les 3 actionnaires exigés par la loi pour composer valablement le conseil de surveillance? — D'après quelques

---

(1) Dalloz, n° 1215.

auteurs (1), dans ce cas la Société ne peut pas commencer les opérations sociales, puisqu'il est impossible d'établir un conseil de surveillance renfermant le nombre minimum de membres exigé par la loi. — Selon nous, cette opinion, qui ajoute à la loi une rigueur inutile, ne doit pas être adoptée (2), car elle conduirait à décider que toute société comptant moins de 3 actionnaires outre le gérant ne pourra pas valablement se constituer, et, cependant, nulle part les lois de 1856 et de 1867 n'ont exigé un nombre minimum d'actionnaires, au-dessous duquel la constitution de la société serait impossible. D'ailleurs, les parties, quel que soit leur nombre, doivent être libres de donner à leur association la forme qu'elles jugent la plus convenable à leurs intérêts, et par suite elles doivent être libres d'en diviser le capital en actions. La loi, lorsqu'elle exige, pour faire partie du conseil, 3 actionnaires au moins, suppose évidemment la société composée d'un nombre d'actionnaires tel que par eux-mêmes ils ne pourraient surveiller avec profit ; aussi les a-t-elle autorisés à confier cette mission à un conseil, qui devrait être composé d'un certain nombre de personnes, afin de leur offrir plus de garanties. Mais s'il n'y a qu'un ou deux actionnaires, il leur est facile d'exercer leur contrôle directement et par eux-mêmes. On se trouve alors placé en dehors de l'hypothèse régie par la loi de 1867 qui ne s'est occupée que *de eo quod plerumque fit*.

Cette doctrine a, du reste, été sanctionnée par un arrêt de la Cour d'Aix, confirmant un jugement du tribunal de commerce de Marseille. Cette décision rendue, il est vrai, sous l'empire de la loi de 1856, peut cependant être encore invoquée aujourd'hui, *mutatis mutandis*, puisque la loi de

(1) Rivière, n° 55. — Mathieu et Bourguignat, n° 65.

(2) En ce sens : Bédarride, nos 132 et 133. — Vavasseur, n° 571.

1867 n'a pas innové sur ce point. Dans l'espèce, toutes les actions avaient été souscrites par un sieur Pecoul ; ses héritiers invoquèrent la nullité de la société en se fondant sur l'absence de conseil de surveillance. Cette prétention fut repoussée par l'arrêt dont voici les motifs : « Attendu que la société Pascal et Cie n'a compris d'abord que deux » personnes ; que les actions sont nominatives, qu'aucun » transfert n'a été dénoncé au gérant, que la société se ré» duit encore à ses deux souscripteurs primitifs, l'hoirie » Pecoul étant encore indivise ; que, dans cet état, il n'a » pas été possible d'exécuter la loi précitée, dont l'article » 5 exige que le conseil de surveillance soit composé de 5 » actionnaires au moins ; — attendu qu'on ne saurait faire » résulter de cette impossibilité que l'existence de la so» ciété Pascal et Cie, telle que cette société se trouve cons» tituée, est en contradiction avec la loi, car ce serait ad» mettre que cette loi a prohibé les sociétés en comman» dite par actions de moins de 5 personnes ; que cette in» terdiction ne pourrait être imposée que par un texte for» mel ; que telle n'a pas été l'intention du législateur, qui » n'a eu d'autre but que de protéger les actionnaires mem» bres des sociétés en commandite ; que lorsqu'il n'y a » qu'un commanditaire, il n'a pas besoin d'être représenté » par un conseil ; qu'il peut exercer lui-même et directe» ment la surveillance à laquelle il est intéressé ; que les » dispositions invoquées de la loi du 17 juillet 1856 rece» vraient donc une fausse application, si on leur faisait » régir le cas de ce procès pour lequel elles n'ont pas été » faites. » — M. Lyon-Caen (1) repousse la doctrine de cet arrêt, qui, selon lui, présente un grand danger ; il craint

---

(1) Aix, 18 novembre 1857 (D. P., 58, II, 127).

(2) *Précis de droit commercial*, p. 219, note 1.

que, pour éviter le contrôle d'un conseil de surveillance, le gérant ne fasse souscrire toutes les actions par une seule et même personne, sauf à les céder ensuite. — Selon nous, ce danger n'existe pas, car du jour où le nombre des actionnaires sera supérieur à 3, un conseil de surveillance deviendra indispensable, conformément au droit commun.

32.— Supposons qu'un conseil de surveillance comprenne originairement 3 membres, puis que plus tard, dans le cours de la société, il vienne à être réduit par empêchement, démission ou décès. Faudra-t-il, dans ce cas, ainsi que le propose M. Duvergier (1), décider que s'il n'est pas complété, aussi vite que possible, la nullité sera encourue comme dans le cas où la société aurait été constituée avec un conseil insuffisant. — Nous ne le pensons pas (2), car ce serait étendre à un cas non prévu par le législateur la nullité de l'article 7. Or cet article ne vise que les irrégularités commises lors de la formation de la société ; cela ressort des termes employés « *constituée* contrairement. » Il ne faut pas confondre l'absence de l'une des conditions initiales avec une irrégularité postérieure (3) ; ce sont deux situations entièrement différentes, dont l'une est sanctionnée par la nullité de l'article 7, et l'autre par la responsabilité qui pourra résulter de la faute commise par les personnes qui l'auront tolérée ou y auront prêté les

---

(1) *Lois de 1856*, p. 341. — Junge, Dalloz, n° 1212. — Rivière, n° 59.

(2) En ce sens : Vavasseur, n° 571. — Cet auteur invoque toutefois, à l'appui de son opinion, un argument qui nous semble peu concluant. Selon lui, si la nullité était prononcée, elle rejaillirait, aux termes de l'article 8 même contre les fondateurs qui sont cependant fort innocents de ce fait postérieur. — Cette objection ne porte évidemment pas, car l'article 8 ne rend les fondateurs responsables de la nullité que si leurs apports n'ont pas été vérifiés conformément à la loi.

(3) Cette distinction a été consacrée à propos d'une autre espèce, par un arrêt de la Cour de cassation du 14 juillet 1873, D. P., 76, I, 180.

mains. La fraude, objecte-t-on, sera facile : on composera une sorte de conseil fictif dont un ou deux membres se retireront immédiatement et la loi sera impunément violée. — Nous répondons que ce danger n'est guère à craindre, car la grave responsabilité qui incomberait de ce chef aux membres qui consentiraient à rester dans un tel conseil, constituera une garantie suffisante. Et d'ailleurs, est-ce qu'un danger encore plns grand ne résulterait pas de l'adoption du système contraire? N'est-il pas certain, en effet, que si, pour une cause quelconque, un membre disparaît du conseil de surveillance, on devrait néanmoins reconnaître un certain délai à la société pour procéder à son remplacement ? Ce serait seulement à l'expiration de ce délai que la nullité serait encourue. Mais comment le déterminer? Quel est le moment précis auquel commencera l'illégalité du retard ? — Ces questions devraient nécessairement être résolues par les tribunaux, et entraîneraient trop d'incertitude pour les associés.

La même solution devrait être appliquée dans l'hypothèse où un membre du conseil n'acceptant pas ses fonctions, rend ainsi le conseil incomplet. La Cour de cassation (1) a décidé en ce sens : « Attendu que l'assemblée générale des actionnaires du 22 janvier 1863, immédiatement après la constitution définitive de la société, a nommé un conseil de surveillance de 5 actionnaires; qu'elle a ainsi satisfait aux prescriptions de l'article 5 de la loi de 1856. — Que si l'un des actionnaires nommés pour composer ce conseil a déclaré plus tard ne vouloir pas accepter ces fonctions, ce fait postérieur n'a pu, *par un effet rétroactif*, vicier la constitution légalement établie et tomber sous la sanction de l'article 6 de la loi... »

---

(1) Cass. civ., 14 juillet 1873, D. P., 76, I, 180.

Cependant nous établirions une différence entre cette dernière espèce et la précédente, sous le rapport de la responsabilité qui pourra résulter. pour les autres membres du conseil, du fait d'avoir fait partie d'un conseil incomplet. Tandis que, selon nous, si un membre ayant fait réellement partie du conseil de surveillance vient à donner sa démission, ses collègues ne sont pas responsables (1) de l'irrégularité qui affecte désormais la composition du conseil, quand la démission n'a été adressée qu'au gérant; nous pensons qu'il n'en serait plus de même, lorsqu'un membre nommé n'accepte pas ses fonctions, et cela quand bien même le gérant seul serait informé de la résolution de ce membre non acceptant. — Le motif qui nous décide à établir cette distinction entre le cas de démission et celui de non acceptation des fonctions de membre du conseil, est très simple : dans la première hypothèse, les autres membres du conseil peuvent prétendre, avec quelque apparence de vérité, qu'ils ont ignoré le nombre auquel se trouvait réduit le conseil, tandis que, au contraire, ils ne peuvent soulever un tel moyen dans la seconde espèce, où, dès le premier jour, ils ont pu et dû constater l'absence persistante d'un membre du conseil et en demander la cause au gérant. Dans le premier cas, ils font partie d'un conseil qu'ils savent régulièrement constitué et qu'ils peuvent considérer comme tel, tant qu'on ne les avertit pas d'une démission; dans le second cas, au contraire, ils ne peuvent pas encore savoir avec certitude si le conseil est régulièrement constitué; et c'est à eux de s'en assurer. Toutefois, si le gérant avait usé de manœuvres frauduleuses pour leur faire croire à l'acceptation de l'actionnaire nommé, ils seraient déchargés de cette responsabilité.

(1) En ce sens : Tribunal de commerce de Marseille, 31 octobre 1866, rapporté sous un arrêt de cassation, D. P., 70, 1, 401.

33. — Si le conseil de surveillance est incomplet, il est interdit de commencer les opérations sociales; mais la réduction du nombre des membres se produisant après l'entrée en fonction du conseil ne s'opposera pas à la continuation des opérations (1). — On comprend facilement que la situation n'est plus la même qu'au début; les affaires ont été entreprises et, le plus souvent, le moindre retard causerait un préjudice considérable à la société. Les associés auront donc tout à gagner à la continuation des opérations et, d'autre part, ils ne courront de ce chef aucun danger, car les fraudes qui auraient pu être commises pendant l'interrègne, devraient évidemment être dévoilées par le conseil complété et rendu à son existence légale.

§ 6

Pour combien de temps le conseil de surveillance est-il nommé?

34. — A l'exemple de la loi de 1856, la loi nouvelle a écarté le principe qui aurait fait durer le conseil autant que la société, et, pour permettre aux actionnaires de remplacer plus facilement les membres du conseil qui s'acquitteraient mal de leurs fonctions, elle a préféré adopter le système de la réélection. Trouvant, toutefois, que la loi de 1856 avait été trop loin dans cette voie, lorsqu'elle avait exigé une nouvelle élection tous les cinq ans, et considérant d'ailleurs qu'il était difficile de fixer un délai uniforme pour toutes les sociétés en commandite, le législateur de 1867 résolut de s'en remettre sur ce point, aux intéressés en leur laissant le soin d'en fixer

(1) Dalloz, n° 1215.

la durée par une disposition statutaire. Ce premier point décidé, la commission législative dut se demander si on ne devait pas soumettre, sous ce rapport, le premier conseil à une règle spéciale. — Pour le soutenir on fit valoir que le plus souvent, lors de la première réunion, les actionnaires ne se connaissent pas encore ; qu'ils sont exposés à faire de mauvais choix et à élire un conseil porté à contrôler avec mollesse les actes de la gérance. D'autres membres de la commission s'attachèrent, au contraire, à démontrer que le remède serait pire que le mal. Sans doute, disaient-ils, il faut protéger les actionnaires contre les fondateurs, mais, par réciprocité, il faut défendre ces derniers contre le caprice et le découragement qui, la première année expirée, pourraient porter les actionnaires à modifier le personnel social et à ébranler ainsi le crédit de la société naissante. — Malgré ces raisons qui n'étaient certainement pas dénuées de valeur, la commission finit par se ranger à la première opinion. Elle considéra qu'il serait dangereux « de fermer la voie qui permet aux actionnaires, sans dé- » bat et sans scandale, de remplacer en assemblée générale » un conseil de surveillance trop facilement accepté de la » main des fondateurs » (1). De tous ces débats sortit enfin la disposition finale de l'article 5 aux termes de laquelle : « Il (le conseil) est soumis à la réélection aux époques et » suivant les conditions déterminées par les statuts. — » Toutefois le premier conseil n'est nommé que pour une » année. »

35.—Dans la pratique, on stipule d'ordinaire que le conseil se renouvellera partiellement chaque année par voie de tirage au sort (2). On évite ainsi les inconvénients qui ré-

(1) Voir rapport de M. Mathieu, séance du 3 mai 1867.

(2) Vavasseur, n° 572.

sulteraient presque toujours de l'arrivée d'un conseil composé exclusivement d'hommes nouveaux, peu initiés encore aux opérations de la société et qui, se rendant compte de l'inefficacité de leur contrôle, seraient prédisposés à une défiance tracassière envers les gérants.

36.— Souvent il arrive que, soit à l'expiration de la première année, soit à l'arrivée de l'époque fixée par les statuts pour les renouvellements ultérieurs, la société néglige de procéder à la réélection du conseil. La jurisprudence a toujours, avec raison, refusé de considérer cette situation anormale comme une cause de nullité pour la société. Cette solution se justifie facilement : en effet, la nullité ne peut résulter que d'un vice inhérent à la constitution initiale de la société; il en résulte que, même en admettant (ce qu'il faudrait déjà établir) l'assimilation complète du maintien du conseil après le terme légal à l'absence de conseil, il n'y aurait pas lieu à nullité. D'ailleurs il est permis de considérer le maintien de l'ancien conseil comme une véritable réélection, car il révèle un assentiment tacite des actionnaires (1).

La sanction consistera uniquement dans la responsabilité des membres du conseil et aussi dans le droit qu'auront les actionnaires de demander la dissolution de la société, si l'assemblée se refuse, malgré leurs réclamations, à procéder à une réélection.

37.— Allant plus loin, nous déciderions même que les membres du conseil de surveillance, bien que nommés pour un temps déterminé, peuvent, après ce terme, non-seulement rester en fonctions, mais qu'ils le doivent jusqu'au moment où il a été pourvu à leur remplacement (2). Le vœu de la

(1) Grenoble, 28 décembre 1871, D. P., 72, II, 206. — Cassat., 14 juillet 1873, D. P., 76, I, 160.

(2) Cassat., 22 janvier 1872, D. P., 72, I, 117.

loi est, en effet, que toute société en commandite par actions soit toujours assistée d'un conseil de surveillance, ce qui implique que le conseil une fois établi ne doit cesser ses fonctions que lorsqu'il a été remplacé. Le devoir de surveillance imposé aux membres de l'ancien conseil subsiste donc jusqu'à l'installation de leurs successeurs ; s'ils négligent de s'en acquitter jusqu'à cette époque, ils commettent une faute dont ils doivent être déclarés responsables en vertu des articles 1992 et 1382 et s. du Code civil. Pour se décharger de toute responsabilité, il faudrait qu'au moins ils eussent fait les diligences nécessaires pour provoquer la nomination de leurs successeurs.

38. — L'assemblée peut, en tout cas, par son vote, maintenir en fonctions les membres sortants ; aucun doute ne peut subsister sur ce point. Cette solution ressort d'abord du texte même de la loi, qui emploie le mot *réélection* au lieu de l'expression *remplacement*, et surtout des travaux préparatoires du projet de 1867, au cours desquels on repoussa un amendement de M. de Saint-Paul qui proposait que la réélection des membres sortants ne fût possible qu'un an après la cessation de leurs fonctions. On pensa, avec raison, qu'il ne fallait pas priver ainsi les sociétés du concours de ceux qui, grâce à l'expérience et aux connaissances qu'ils ont acquises dans le précédent conseil, sont précisément les plus aptes à bien s'acquitter des délicates fonctions qu'on leur confie. — L'adoption de cet amendement aurait rendu souvent, dans les sociétés qui comptent peu d'actionnaires, le recrutement du conseil presque impossible.

39. — Si la réélection des membres sortants est ainsi permise, il ne faudrait pas conclure qu'elle peut être valablement stipulée par les statuts. Nous reconnaissons sans aucun doute, qu'en thèse générale, l'interprète doit respecter la

liberté des conventions, mais à la condition pourtant de ne pas se mettre en désaccord avec l'esprit de la loi. Or, en consacrant la validité d'une telle clause, on se mettrait en opposition manifeste avec la volonté du législateur qui, pour rompre avec les anciens errements permettant de nommer un conseil pour toute la durée de la société, a nettement proclamé le principe de la réélection. On ne comprendrait pas, d'ailleurs, que la société s'obligeât à conserver perpétuellement dans le conseil, des personnes dont cependant l'insuffisance serait devenue notoire et dont le maintien détruirait toutes les garanties qui peuvent résulter de l'institution des conseils de surveillance.

CHAPITRE II

CARACTÈRES GÉNÉRAUX DU MANDAT DES MEMBRES DU CONSEIL DE SURVEILLANCE

40. — Le conseil de surveillance, son nom même l'indique, est exclusivement chargé de contrôler les actes du gérant. Ses pouvoirs sont essentiellement intérieurs, en ce sens qu'ils ne doivent jamais se manifester directement aux tiers qui, sans cela, pourraient tomber dans les erreurs les plus regrettables et prendre les membres du conseil pour des associés solidaires. Sans doute, les membres du conseil peuvent, dans une certaine mesure, éclairer le gérant de leurs avis et lui donner des conseils, mais à la condition de laisser entière sa liberté d'agir. C'est ce qui ressort du discours du rapporteur de la loi de 1856 : « La » loi n'admet pas que le conseil de surveillance puisse » participer aux actes de gestion *extérieure et patente;* là » serait la pénalité prononcée contre tout associé qui » s'immisce dans l'administration. La loi n'admet même » pas une intervention, pour ainsi dire domestique, dans » la direction pratique et journalière des affaires. Un gé- » rant n'est pas libre quand un conseil d'intéressés lui » trace la marche à suivre, prend part, à chaque instant, » à ses opérations, indique celles qui sont à faire, lui de- » mande compte de ses projets, de ses relations, de ses » secrets de fabrication. » Le rapporteur résumait ensuite

le caractère de la mission du conseil en disant : « *Il a le contrôle, le conseil, il n'a pas la conduite* (1). »

41. — On aperçoit aisément les motifs qui ont décidé le législateur. Sans cette ligne de démarcation bien établie entre les pouvoirs du conseil et ceux de la gérance, il eût été à craindre de voir des commanditaires exercer véritablement la gérance, sans encourir pourtant la responsabilité qui doit y être attachée. Il est vrai que dans la discussion de la loi de 1867 aucun orateur ne s'est attaché à fixer exactement la limite des pouvoirs des membres du conseil, mais on ne peut en tirer aucun argument et il est rationnel de penser que la loi nouvelle s'en est rapportée aux précédents législatifs. Aussi, pensons-nous que les membres du conseil de surveillance qui sortiraient des limites fixées ainsi à leurs attributions, tomberaient sous le coup des articles 27 et 28 du Code de commerce réprimant l'immixtion des commanditaires dans la gestion.

Les statuts ne pourraient pas autoriser les membres du conseil à s'immiscer dans la gestion, car la prohibition de la loi a été dictée par des motifs d'ordre public, et le gérant doit toujours conserver sa liberté d'action au regard des membres du conseil.— Remarquons, à ce sujet, que le conseil de surveillance ne peut pas, même en vertu d'une clause statutaire, avoir en ce qui touche la direction des affaires, des pouvoirs aussi étendus que l'assemblée générale des actionnaires. Celle-ci peut, en effet, défendre au gérant de faire telle ou telle opération, lui ordonner de faire tel ou tel acte, en un mot, restreindre ses pouvoirs sur tel ou tel point (2).

---

(1) Duvergier, *Lois de 1856*, p. 327.

(2) Cela ressort clairement des travaux préparatoires. Le projet du Conseil d'État défendait à l'associé commanditaire de *concourir en aucune manière aux achats, ventes, obligations et engagements de la société*. Le Tribunat trouva que

On comprend, du reste, qu'il en soit ainsi. Le gérant tient ses pouvoirs de l'assemblée générale ; celle-ci, soit au moment où elle les lui confère, soit plus tard, peut les étendre ou les restreindre comme elle l'entend, pourvu cependant que le gérant conserve sa liberté pleine et entière dans la limite des pouvoirs qui lui sont laissés. Tout autre, au contraire, est la situation du conseil de surveillance au regard du gérant. Ce n'est pas lui qui confère au gérant ses pouvoirs, ce n'est pas à lui non plus de les limiter. En outre, comme le dit avec beaucoup de raison M. Buffé, « autre chose est la délibération formée au sein » de l'assemblée générale des actionnaires, autre chose est » la décision rendue par un conseil permanent composé » de leurs délégués ; l'une intervient à des intervalles né- » cessairement éloignés et proclame une règle générale ; » l'autre peut se présenter à tout instant et tend par là à » dégénérer en règles spéciales ; la première laisse au gé- » rant sa liberté dans le cercle élargi ou restreint de ses » attributions, la seconde érige le corps qui la formule en » une sorte d'autorité sur la gérance. » (1)

Si l'on doit ainsi admettre que le conseil de surveillance ne peut exercer aux lieu et place de l'assemblée générale les droits qu'elle a sur l'administration, il faut néanmoins entendre cette règle dans un sens raisonnable, et recon-

---

l'exclusion était trop générale : « Un des droits du commanditaire, a-t-il » dit, est de participer aux délibérations générales de la société, et ces déli- » bérations ont souvent pour but, *ou d'en approuver les opérations, ou d'en* » *autoriser les engagements*, de sorte que sous ce rapport le commanditaire y » concourt et doit y concourir au moins par son consentement. » *Observations du Tribunat*, Locré, t. XVII, p. 308.

Cette dernière doctrine fut adoptée, puisque la rédaction proposée par le Tribunat passa dans le nouveau projet du Conseil d'État.

Le Code hongrois (art. 33) a adopté formellement ce système.

(1) Buffé, *De la responsabilité des gérants, etc., dans la commandite par actions*, nº 238.

naître notamment au conseil de surveillance le droit de pourvoir provisoirement à l'administration de la société, en déléguant un actionnaire pour remplir les fonctions de gérant jusqu'à la nomination d'un nouveau titulaire par l'assemblée générale. La Cour de cassation a décidé qu'en agissant ainsi les membres du conseil ne faisaient pas acte d'immixtion; « que cette délégation que rendait nécessaire » la suspension du gérant rentrait essentiellement dans » les attributions du conseil de surveillance; ce n'était » qu'un acte d'administration intérieure, etc. (1). »

42. — Après avoir ainsi déterminé la nature du mandat des membres du conseil, examinons rapidement les différences qui le séparent du mandat ordinaire prévu par le Code civil.

Nous avons déjà dit plus haut, et nous nous bornons à le rappeler ici, que le mandat des membres du conseil de surveillance est, à la différence du mandat ordinaire, purement personnel, en ce sens qu'ils ne peuvent le déléguer à d'autres personnes.

43. — Le mandat ordinaire est révocable au gré du mandant, avant même l'expiration des pouvoirs du mandataire; en est-il de même du mandat des membres du conseil? — MM. Mathieu et Bourguignat (2) l'ont soutenu et ont prétendu que le mandat était ici irrévocable, parce qu'il dérive bien plus de la loi que du vote des actionnaires. Ce mandat, disent-ils, est un mandat spécial qui rend les mandataires responsables envers la loi en même temps qu'envers les actionnaires, aussi est-il naturel que ceux-ci ne puissent le révoquer *ad nutum*. Et d'ailleurs, ajoute-t-on, pourquoi donc la loi poserait-elle le principe de la réélection dans le

(1) Cass., Ch. des requ., 30 avril 1862, D. P., 62, I, 528.

(2) Mathieu et Bourguignat, n° 64. — Bédarride, n° 143.

but d'assurer aux actionnaires un moyen de se débarrasser d'un conseil qu'ils jugeraient insuffisant, s'ils pouvaient ainsi, à leur gré, révoquer le mandat de ces membres? La prévoyance de la loi ne serait-elle pas inutile?

Il ne faudrait pas, cependant, aller trop loin dans cette voie, et l'assemblée des actionnaires pourrait très-bien, selon nous, remplacer les membres du conseil qui auraient commis des fautes ou des négligences graves. Le législateur, il est vrai, a voulu, dans l'intérêt même de la société, assurer une certaine stabilité au conseil, mais l'intérêt de la société a été dans toute cette matière son seul mobile. On ne pourrait donc prétendre qu'en consacrant la réélection à des époques déterminées, il a voulu proscrire d'une façon absolue toute réélection anticipée, quelqu'intérêt que puisse y avoir la société (1).

Dans le cas où les membres ainsi remplacés refuseraient de se retirer, il faudrait nécessairement, pour vider le différend, s'adresser aux tribunaux, qui seuls seraient compétents et pourraient rechercher si la faute commise était suffisante pour entraîner la révocation du mandat.

44. — Le mandat des membres du conseil diffère encore du mandat ordinaire, en ce que, sous un certain rapport, son étendue est limitée par la loi au lieu d'être laissée à la discrétion des parties. Toutefois il ne faudrait pas se méprendre sur le caractère de cette restriction à la liberté des conventions ; la loi s'est bornée, dans un intérêt d'ordre public, à déterminer le minimum des attributions du conseil, les vérifications indispensables auxquelles il doit se livrer. Il faut en conclure que, si les parties ne peuvent, par leurs conventions, en diminuer l'étendue, elles pourront au contraire librement en élargir le cercle.

(1) Bédarride, n° 143. — Vavasseur, n° 572.

45. — N'existe-t-il pas encore une différence entre le mandat des membres du conseil et le mandat ordinaire ? On a essayé de le soutenir en disant : tandis que, dans le mandat ordinaire, le mandataire peut toucher une rémunération, les actionnaires appelés à faire partie du conseil sont investis d'un mandat essentiellement gratuit. A notre avis, c'est là un faux point de vue, car nulle part la loi de 1867 ne fait mention de la gratuité, et nous ne voyons pas pourquoi il serait défendu d'accorder ainsi aux membres du conseil, au moyen de jetons de présence, une juste rémunération pour les indemniser du temps qu'ils emploient au profit de la société.

Nous nous refuserions cependant à considérer comme licite, surtout en dehors d'une disposition statutaire, la participation d'un ou de plusieurs des membres dans les bénéfices de la gérance. Ce fait, sans entraîner pourtant la nullité, donnerait certainement lieu à des dommages et intérêts (1) ; on ne peut admettre, en effet, que les contrôleurs soient rétribués par le contrôlé lui-même ; toute rétribution doit donc être accordée par la société et prélevée sur les ressources sociales.

De même encore, les membres du conseil ne devraient pas accepter les fonctions de caissier, de commis ou de teneur de livres, qui feraient d'eux les subalternes du gérant qu'ils ont pour mission de surveiller.

46. — A part les différences que nous venons de signaler, le mandat des membres du conseil de surveillance est semblable au mandat ordinaire et partant soumis aux mêmes règles. Ainsi, notamment, on devra lui appliquer la règle générale en vertu de laquelle tout mandataire ne doit user de son mandat que dans l'intérêt de son mandant. Il faudra

---

(1) Cass., 14 juillet 1873, D. P., 76, I, 160.

en conclure que le membre du conseil de surveillance qui aurait traité en qualité de tiers avec la société (1), ne devra pas profiter de la connaissance qu'il a pu acquérir, dans l'exercice de son mandat, du mauvais état des affaires de la société pour faire rentrer ce que celle-ci lui devait, car en agissant ainsi il s'enrichirait véritablement aux dépens de l'actif de la société dont il est le mandataire. C'est ainsi que la Cour de Paris (2) a déclaré nul le paiement qu'un membre du conseil de surveillance d'une société, créancier de cette société, s'est fait faire de sa créance par le gérant, en se servant de son influence pour s'assurer par là une sorte de privilège dans une faillite devenue inévitable.

47. — Certaines personnes ont soutenu que le mandat des membres du conseil de surveillance, était, à la différence du mandat ordinaire, forcément collectif, en ce sens que c'était seulement réunis, et à la majorité de leur nombre, que les membres du conseil pouvaient s'acquitter de leur mission. Une telle opinion nous paraît difficile à soutenir en présence du texte de l'article 10 qui, employant l'expression : *les membres* du conseil et non pas celle-ci : *le conseil de surveillance*, indique par là, d'une façon claire, que chacun d'eux a le droit de procéder individuellement aux vérifications prescrites par la loi. Sans doute, le vœu de celle-ci est qu'ils remplissent leurs fonctions de concert, mais, si, pour une cause ou pour une autre, ils ne peuvent s'en acquitter ainsi, ils devront alors surveiller individuellement (3).

Du reste, dans la pratique, le plus souvent le conseil de surveillance se subdivise en sous-commissions chargées

(1) Il peut le faire d'après un avis du Conseil d'État en date du 17 mai 1809 (Duvergier, t. XVI, p. 413).

(2) Paris, 16 janvier 1863 et Cass., 13 août 1864, J. P., 65, 409.

(3) Dalloz, n° 1224. — Rivière, n° 91.

chacune de procéder à des vérifications particulières. Cet usage est licite, pourvu que chaque sous-commission opère au nom et avec l'approbation des autres membres. Dans ce cas, tous les membres du conseil, même ceux qui sont restés étrangers à tel ou tel ordre de vérifications, demeurent responsables de la manière dont elles ont éte faites (1), car la société, ayant donné à chacun de ses mandataires un mandat de surveillance générale, sans avoir chargé plus spécialement les uns de telles vérifications, les autres de telles autres, est en droit de demander à chacun compte de la façon dont il a rempli sa mission.

(1) La circonstance que certains membres du conseil auraient entendu borner et auraient effectivement borné leur participation à la surveillance d'une catégorie déterminée d'agissements, ne les affranchit pas de la responsabilité encourue pour défaut de surveillance des opérations auxquelles ils n'ont pas pris part (Lyon, 11 juillet 1873, D. P., 74, II, 209).

CHAPITRE III

ATTRIBUTIONS DES CONSEILS DE SURVEILLANCE

---

48. — Les attributions des membres du conseil de surveillance varient essentiellement, selon qu'ils font partie du premier conseil d'une société ou d'un conseil ultérieur. Examinons successivement ces deux hypothèses.

SECTION I

ATTRIBUTIONS SPÉCIALES AU PREMIER CONSEIL

49. — Le premier conseil a une mission spéciale ; il doit s'assurer de l'observation de toutes les conditions exigées par la loi pour la constitution régulière des sociétés en commandite par actions.

Sous l'empire de la loi de 1856, aucune disposition ne chargeait expressément le premier conseil de ce soin ; aucun doute sérieux ne pouvait néanmoins subsister sur la réalité de ce devoir pour le premier conseil, car il résultait implicitement de la loi (art. 6) qui déclarait nulle la société constituée contrairement à ses prescriptions, tout en rendant les membres du conseil responsables des opérations postérieures à leur nomination. Mais la difficulté était grande, au contraire, lorsqu'il s'agissait de déterminer l'étendue de ce devoir; des arrêts (1) avaient décidé que le premier conseil, à l'origine de la société, devait seulement s'assurer de l'exécution matérielle des devoirs imposés au gérant, mais qu'il n'était pas tenu de vérifier l'exactitude et la vérité des déclarations de ce dernier.

L'article 6 de la loi de 1867 est venu mettre fin à ce doute en décidant que « le premier conseil doit, *immédiate-* » *ment après sa nomination*, *vérifier* si toutes les disposi- » tions contenues dans les articles qui précèdent ont été » observées. »

50. — Les dispositions qu'il s'agit de vérifier sont contenues dans les articles 1, 2, 3, 4, 5 de la loi de 1867. Nous allons les examiner en détail, en nous bornant, quant à celles dont nous avons déjà parlé dans notre introduction, à les rappeler afin de présenter ainsi un tableau complet des vérifications auxquelles doit se livrer le premier conseil.

51. — I. En premier lieu, aux termes de l'article 1er, les sociétés en commandite ne peuvent diviser leur capital en actions ou coupons d'actions de moins de 100 francs, lorsque ce capital n'excède pas 200,000 francs, et de moins de 500 francs lorsqu'il est supérieur. — D'où, première obligation pour le conseil : vérifier si le chiffre des actions est conforme à la loi.

52. — II. En second lieu : « Elles ne peuvent être définitivement constituées qu'après la souscription de la totalité du capital social et le versement par chaque actionnaire du quart au moins du montant des actions par lui souscrites.

D'où, obligation, pour le premier conseil, de vérifier si le capital social est entièrement souscrit et si le quart est versé sur chaque action. A ce propos, faisons remarquer que la jurisprudence exige, avec raison, que le versement

---

(1) Agen, 6 décembre 1860, D. P., 61, II, 60.

du quart soit effectué en argent comptant ou en valeurs pouvant être assimilées à de l'argent comptant (papier-monnaie, valeurs au porteur, etc.) La remise de valeurs de portefeuille ou de factures acquittées (1) au profit de souscripteurs qui auraient exécuté des travaux pour le compte de la société ne pourraient tenir lieu d'un versement en numéraire. Le conseil devra donc s'assurer, en outre, que le versement a été fait en numéraire ou en papier-monnaie.

53. — La vérification des souscriptions et des versements constitue certainement la tâche la plus importante du premier conseil, aussi doit-il, sur ce point, contrôler d'une façon très sérieuse les déclarations du gérant. Pour arriver à une vérification efficace de la liste des souscriptions et versements dressée par le gérant, les membres du conseil devront examiner les bulletins de souscription et vérifier l'état de la caisse (2). C'est seulement de ce double examen que pourra sortir la lumière. En effet, les bulletins de souscription permettront au conseil de s'assurer que la liste des souscripteurs d'actions n'a pas été falsifiée par le gérant, et de se convaincre qu'on n'y a fait figurer que des souscriptions fermes. Les bulletins constituent, en somme, le titre qui prouvera l'engagement des souscripteurs et qui permettra d'exiger d'eux, à un moment donné, le montant de leur souscription; avant de regarder leur obligation comme sérieuse, le conseil doit naturellement s'assurer que les moyens de preuve en sont établis au profit de la société. Quant à l'état de la caisse, il permettra précisément de constater si réellement le versement du quart de chaque action a été effectué. Aussi doit-on, avec la juris-

(1) Cass., 11 mai 1863, D. P., 63, I, 213.

(2) Aix, 16 mai 1860, D. P., 60, II, 118, et arrêt de rej., Cass., 24 avril 1861, S., 62, I, 182. — Nancy, 18 juin 1878 (*Recueil de Nancy*, 1878, p. 318, n° 111.

prudence, décider que cette double vérification constitue un devoir pour les membres du premier conseil de surveillance. — Elle devra nécessairement être faite avant toute opération sociale, car la société, comme l'a dit le rapporteur de la loi, « ne peut commencer à marcher avant que » les vérifications imposées au premier conseil par l'ar- » ticle 6 n'aient été faites » (1).

54. — La mission spéciale du premier conseil est loin encore d'être terminée. Il doit s'assurer ensuite que la souscription du capital et le versement du quart ont été constatés dans les formes indiquées par la loi afin de permettre de contrôler plus facilement les allégations du gérant et de faire connaître les noms des premiers souscripteurs.

La souscription et les versements doivent être constatés par une déclaration du gérant dans un acte notarié auquel on annexe : 1° la liste des souscripteurs ; 2° l'état des versements effectués ; 3° l'un des doubles de l'acte de société s'il est sous seing privé et une expédition s'il est notarié et s'il a été passé devant un notaire autre que celui qui a reçu la déclaration (Art. 1er, §§ 3 et 4). — Remarquons, à ce sujet, que si l'acte de société avait été passé en la forme notariée par devant le notaire qui reçoit la déclaration, il serait tout à fait inutile d'annexer l'expédition de cet acte à l'acte constatant la déclaration, puisque le notaire possédant la minute du premier n'aurait qu'à y renvoyer par une simple mention. — Dans la pratique, il peut arriver que le même acte constate à la fois la société et la déclaration du gérant (ceci a lieu quand l'acte de société n'est dressé qu'après la souscription du capital et le versement du quart), et dans ce cas, il est évident qu'il sera tout à fait superflu d'annexer des documents qui se trouvent dans l'acte

(1) Séance du 31 mai 1867.

même de société. Dans cette hypothèse, toutes les formalités seraient alors valablement constatées par un seul et même acte : l'acte de société.

Nous sommes ainsi amené à parler de l'acte de société dont la nécessité, sans être édictée formellement par la loi de 1867, est, cependant, visée par elle (art. 1er, al. 4). Remarquons, à ce propos, qu'en faisant allusion à la nécessité d'un acte de société (cette nécessité est posée par l'art. 39 du C. de com.), l'article 1er de la loi de 1867 a mis fin à une difficulté qui s'était élevée quelquefois au sujet du nombre des originaux nécessaires dans le cas où l'acte de société était sous seing privé. L'article 39 du Code de commerce s'étant borné à disposer que, dans ce cas, il faudrait se conformer à l'article 1325 du Code civil qui exige, en principe, autant d'originaux qu'il y a de parties ayant un intérêt distinct, on en avait généralement conclu que dans les commandites deux originaux suffiraient (1), l'un pour les commandités, l'autre pour les commanditaires, parce que c'étaient les seules personnes ayant des intérêts distincts. Cette doctrine n'était cependant pas encore unanimement admise lorsque la loi de 1867 est venue trancher le différend, tout au moins pour les sociétés en commandite par actions. D'après la loi nouvelle, deux originaux suffisent toujours ; cette mesure ne pouvait plus, du reste, présenter aucun inconvénient avec la nouvelle organisation des sociétés, puisqu'un des actes est déposé chez le notaire avec la déclaration des gérants (art. 1er) et se trouve toujours ainsi à la disposition de tout intéressé.

55. — III. Le premier conseil de surveillance doit, en outre, vérifier si les dispositions des articles 2 et 3 de la loi de 1867, qui règlent la négociabilité et les effets de la ces-

(1) Cass., 20 décembre 1831, Sir. 1831, I, 38.

sion, ont été respectées dans les statuts de la société. Sur ce point,il est bien évident que leur mission se borne à la vérification des statuts; ils n'ont pas à rechercher si, en fait, après avoir été émises, des actions ont été négociées ou transformées en actions au porteur, contrairement aux prescriptions de la loi, car ils sont uniquement chargés (art. 6 et 7 combinés) de vérifier si la société n'a pas *été constituée* contrairement aux dispositions des articles 2 et 3, et, certainement, il ne suffirait pas que, en fait, des actions au porteur eussent été émises avant la libération complète ou que des actions eussent été négociées avant le versement du quart pour qu'on puisse dire que la société est *constituée* contrairement aux dispositions de la loi. Du reste, on s'explique facilement que la loi n'ait pas imposé ces recherches au premier conseil, dont la seule mission est de vérifier si des causes de nullité ne vicient pas la constitution de la société, car les négociations ou les transformations illicites auxquelles nous faisons allusion ne pourraient pas amener la nullité de la société. Celle-ci ne peut évidemment pas être rendue responsable de la négociation d'une action opérée par un souscripteur ou d'une cession faite avec stipulation d'autres conditions que celles imposées par les articles 2 et 3, intervenue après qu'elle a été légalement constituée.

56. — Ceci dit, examinons en détail quelles sont les règles légales que devront respecter les statuts. L'article 2 est ainsi conçu : « Les actions ou coupons d'actions sont négo- » ciables après le versement du quart. » — La loi de 1856 n'autorisait la négociation qu'après le versement des 2/5; mais la loi nouvelle,adoucissant cette rigueur inutile,n'exige plus que le quart. Le législateur a pensé que ce versement suffirait amplement pour éloigner les spéculateurs qui, sans cette mesure, seraient tentés de souscrire des actions pour

les revendre ensuite, presque immédiatement, avec bénéfice.

57. — Remarquons, cependant, que, dès avant la libération du quart de son montant, l'action constitue déjà une créance, une propriété que l'on peut transmettre, conformément au droit commun, par l'un des modes de la loi civile (cession par acte notarié, acte sous seing privé, donation, testament, succession, etc). Ce que la loi de 1867 a voulu défendre, c'est la transmission de l'action par les voies commerciales (1), c'est-à-dire par endossement, tradition manuelle, transfert sur les registres de la société et surtout la négociation à la Bourse.

Il ne suffirait même pas que l'action soit libérée du quart pour qu'immédiatement elle soit négociable ; il faut en outre que la société soit constituée. Cela résulte de la force même des choses, puisque, jusqu'au moment de la constitution, le souscripteur n'a qu'un titre provisoire qui sera annulé si la société ne parvient pas à se constituer. Cette nécessité a été reconnue de la façon la plus formelle dans la discussion au Corps législatif (2).

58. — Nous arrivons ainsi aux dispositions de l'article 3, qui sont beaucoup plus importantes. Le premier alinéa de cet article est ainsi conçu : « Il peut être stipulé, mais seulement par les statuts constitutifs de la socié, que les » actions ou coupons d'actions pourront, après avoir été » libérés de moitié, être convertis en actions au porteur » par délibération de l'assemblée générale. » Cette dispo-

---

(1) Bédarride, n° 51.

(2) M. Millet avait proposé l'amendement suivant : La négociation d'actions ou de coupons d'actions est interdite avant la constitution de la société. — Le rapporteur fit remarquer que cette disposition était inutile et qu'elle résultait déjà de l'économie générale de la loi (Séance du 12 juin 1867).

sition est assez obscure par elle-même, et, pour bien en saisir la portée, il est indispensable de se reporter aux précédents législatifs. — Sous l'empire du Code de commerce, il n'y avait sur ce point aucune règle et l'action pouvait, au gré du gérant et des fondateurs, revêtir la forme soit nominative soit au porteur. La loi de 1856 (art. 2), voulant mettre un terme aux nombreux abus qui s'étaient produits, imposa la forme nominative jusqu'à l'entière libération des actions. La loi de 1867 revint sur cette sévérité excessive, après de vives discussions dont l'article 3 porte la preuve manifeste.

Pour bien saisir l'économie de la première disposition de l'article 3, il est nécessaire de se reporter aux explications qui furent fournies par le rapporteur lors de la discussion : « Il n'est pas indispensable, disait-il, et il peut » être nuisible à la création des sociétés, que les souscrip- » teurs primitifs d'actions soient indéfiniment tenus du » versement intégral des sommes qu'elles représentent. » Mais, ce qui est est essentiel, c'est que leur engagement » soit sérieux, et qu'ils ne puissent pas, même après avoir » versé la moitié, se soustraire au paiement du surplus » par une sorte de fraude difficile, pour ne pas dire im- » possible à saisir. Il ne faut pas qu'au moment où la » société, ayant dévoré les ressources produites par le » versement de la première moitié, touchera à la ruine et » aura besoin, pour la conjurer, de faire appel aux parties » non payées de son capital, les souscripteurs primitifs, » ou les cessionnaires qu'ils se seraient substitués, aient » la faculté pure et simple de se dégager en se donnant, » sans garantie aucune, un cessionnaire insolvable et » inconnu de la société. — Il est désirable, d'un autre » côté, que la société, si elle le juge convenable à ses » intérêts, à la circulation plus facile de ses titres, ait le

» droit de les convertir en actions au porteur après le » versement de la première moitié, en maintenant toute- » fois la responsabilité des premiers souscripteurs pendant » le délai que la loi aura déterminé. — L'intervention de » l'assemblée générale dans cette résolution combinée » avec la publicité des statuts, source unique de la résolu- » tion elle-même, offriront à la société et aux tiers des » garanties nouvelles et préviendront toutes les surpri- » ses (1). »

59. — Ces explications fournies par le rapporteur constituent le meilleur commentaire de la disposition que nous étudions. Il en résulte qu'aujourd'hui les actions libérées de moitié peuvent être converties en actions au porteur moyennant la réunion des deux conditions suivantes : *a*) Droit accordé, par une disposition statutaire, à l'assemblée générale, de prononcer la conversion des titres nominatifs en titres au porteur. *b*) Vote de l'assemblée autorisant cette conversion.

L'article 3, dans son second paragraphe, règle ensuite, comme il suit, les effets de la délibération intervenue sur le projet de conversion des actions nominatives en actions au porteur : « Soit que les actions restent nominatives » après cette délibération, soit qu'elles aient été converties » en actions au porteur, les souscripteurs primitifs qui » ont aliéné les actions et ceux auxquels ils les ont cédées » avant le versement de moitié restent tenus au payement » du montant de leurs actions pendant un délai de deux » ans, à partir de la délibération de l'assemblée géné- » rale. » Cettte disposition est fort obscure et a donné lieu aux plus vives controverses. Essayons pourtant de déterminer exactement la position qu'elle crée pour les souscripteurs et les cessionnaires des actions.

(1) Dalloz, 1867, 4e partie, p. 103.

A) Supposons d'abord que la conversion des actions nominatives en actions au porteur ait été repoussée. Dans ce cas les actions demeurent nominatives, et le souscripteur continue à être tenu du montant intégral de l'action, puisque l'une des conditions auxquelles le législateur a subordonné la réduction de l'obligation du souscripteur à la moitié ne s'est pas réalisée. Conformément au droit commun, il reste obligé au tout. Il en est de même des cessionnaires qui assument tous l'obligation de libérer l'action s'il en est besoin.

B) Supposons maintenant que la conversion ait été régulièrement autorisée par le vote de l'assemblée. Examinons quelle sera alors la situation des souscripteurs et des cessionnaires.

Les souscripteurs primitifs qui ont aliéné leurs actions seront, pendant deux ans encore à partir du jour de la délibération de l'assemblée générale, tenus du montant intégral de leur souscription, quelle que soit du reste l'époque à laquelle remonte la cession qu'ils ont faite. La loi a voulu ainsi les empêcher de voter la conversion à la veille d'un sinistre et de s'y soustraire en cédant leurs actions à des porteurs insolvables (1). Pour supprimer l'intérêt qu'ils auraient pu avoir à voter une pareille mesure, l'article 3 fait subsister leur engagement pendant deux ans encore à partir de la délibération. Cependant, si la responsabilité biennale n'avait pesé que sur ceux qui avaient pu prendre part au vote, un autre danger eût été à craindre. Les souscripteurs, à la veille de la délibération, auraient pu, pour échapper à la responsabilité, transférer leurs actions à des hommes de paille chargés de voter à leur place. La loi a sagement déjoué ce calcul, en décidant

(1) Boistel, *Droit commercial*, p. 188.

que les souscripteurs, qui auraient cédé leurs actions avant la délibération, continueraient à en être responsables pendant deux ans (1).

Quant aux souscripteurs qui ont conservé leurs actions après la délibération autorisant la conversion, ils continuent à être tenus de leur montant, puisqu'ils n'ont pas perdu leur qualité d'associés et n'ont pas profité du seul moyen qui leur était offert de se dégager du surplus de leurs engagements, en cessant de faire partie de la société. Ils restent donc tenus, comme tout porteur, c'est-à-dire qu'ils sont personnellement obligés au montant de ce qui reste dû sur l'action (2).

Pour les cessionnaires, les effets de la délibération qui permet la conversion, sont un peu différents. Afin d'éviter la substitution d'hommes de paille aux cessionnaires sérieux à la veille de la délibération (V. ce que nous avons dit à ce sujet à propos des souscripteurs) l'article 3 dispose que les cessionnaires dont l'acquisition remonte à une époque antérieure à la délibération, resteront tenus pendant deux ans à partir de cette délibération. Au contraire, ceux qui ont acheté depuis la délibération ne seront responsables du montant de leurs actions qu'en qualité de porteurs et leur responsabilité prendra fin quand ils cèderont leurs actions.

---

(1) Il importe peu à cet égard que les actionnaires aient usé ou non de la faculté individuelle qui leur appartenait de convertir leurs actions en actions au porteur (soit que les actions soient nominatives, etc.). Dans un cas comme dans l'autre, ils sont libérés au bout de 2 ans.

(2) La majeure partie des auteurs soutiennent que le porteur d'une action n'est pas obligé personnellement aux versements complémentaires, et que l'action seule est débitrice de ces versements. V. notamment : Rivière, n° 363. — Boistel, *Droit commercial*, p. 186. — Lyon-Caen, *Droit commercial*, n° 431, etc. — En sens contraire : Paris, 17 août 1878 et Cass. 21 juillet 1879. D. P. 79, I, 331.

60. — Le premier conseil de surveillance a donc la mission d'examiner si les statuts de la société ne contiennent rien de contraire aux règles précédentes qui ressortent de l'article 3. Cependant, comme quelques-unes d'entre elles ne sont pas unanimement admises et sont même très contestées, le conseil agira prudemment, dans le cas où il aurait quelques doutes sur la question de savoir si les statuts ne contiennent pas une violation de l'article 3, en réunissant l'assemblée générale avant d'autoriser le gérant à commencer les opérations sociales. L'assemblée reunie, le conseil lui exposera ses craintes et sollicitera une modification aux statuts; de cette façon, sa responsabilité sera mise à couvert. — Remarquons, du reste, que le plus souvent, en pratique, aucune difficulté ne se présentera sur ce point, car les statuts, au lieu de régler en détail les effets de la conversion, s'en réfèreront presque toujours au texte même de l'article 3.

61. — IV. Les trois vérifications qui précèdent sont toujours obligatoires pour le conseil; avec l'article 4, nous arrivons à une quatrième vérification qui ne sera obligatoire pour lui que dans le cas où certains associés ont fait des apports en nature ou ont stipulé des avantages particuliers. Dans ce cas, la constitution de la société est retardée jusqu'au moment où la procédure particulière organisée par l'article 4 a été exactement suivie. Voici, du reste, le texte de cette disposition :

« Lorsqu'un associé fait un apport qui ne consiste pas » en numéraire, ou stipule à son profit des avantages par- » ticuliers, la première assemblée générale fait apprécier » la valeur de l'apport ou la cause des avantages stipulés. » La société n'est définitivement constituée qu'après l'ap- » probation de l'apport ou des avantages, donnée par une » autre assemblée générale, après une nouvelle convoca-

» tion. — La seconde assemblée générale ne pourra statuer sur l'approbation de l'apport ou des avantages, qu'après un rapport qui sera imprimé et tenu à la disposition des actionnaires, cinq jours au moins avant la réunion de cette assemblée. — Les délibérations sont prises par la majorité des actionnaires présents. Cette majorité doit comprendre le quart des actionnaires et représenter le quart du capital social en numéraire. — Les associés qui ont fait l'apport ou stipulé des avantages particuliers soumis à l'appréciation de l'assemblée n'ont pas voix délibérative. — A défaut d'approbation, la société reste sans effet à l'égard de toutes les parties. — L'approbation ne fait pas obstacle à l'exercice ultérieur de l'action qui peut être intentée pour cause de dol ou de fraude. — Les dispositions du présent article relatives à la vérification de l'apport qui ne consiste pas en numéraire ne sont pas applicables au cas où la société à laquelle est fait ledit apport est formée entre ceux seulement qui en étaient propriétaires par indivis » (Art. 4). — Cette disposition, à cause de son importance, appelle quelques explications.

62. — Toutes les formalités édictées par l'article 4 ont pour but évident de permettre aux actionnaires de se rendre un compte exact de la valeur des apports faits en nature et de l'importance des avantages particuliers stipulés par certains associés.

La loi de 1856, elle aussi, exigeait à cet effet (art. 4) l'intervention de deux assemblées successives, mais malheureusement elle avait négligé d'indiquer si, afin d'assurer un intervalle de temps suffisant entre l'une et l'autre réunion, une nouvelle convocation serait nécessaire. Cette lacune avait provoqué quelques difficultés pratiques; on avait notamment discuté la question de savoir si les deux assemblées successives pourraient valablement se tenir le même jour. La loi de 1867 a mis fin à ces débats, en exigeant une nouvelle convocation et en imposant l'observation de certains délais entre les deux délibérations. De cette façon, les actionnaires ont le temps de se consulter et de s'entendre entre eux; ils sont moins exposés à délibérer sous l'impression des entraînements de la première heure.

63. — Toujours dans le même ordre d'idées et afin de permettre aux actionnaires de mieux s'éclairer sur la valeur des apports, etc., la loi de 1867 veut que le rapport des experts nommés par la première assemblée, pour procéder aux estimations, soit imprimé et tenu à la disposition des actionnaires cinq jours au moins avant la réunion de la seconde assemblée.

La sage prévoyance de la loi se révèle encore par d'autres mesures qui, toutes, sont inspirées par le désir de ménager un contrôle efficace à l'assemblée générale. Les actionnaires dont les apports ou les stipulations doivent être examinés, pourront assister aux deux assemblées pour y fournir les explications qu'ils croiront nécessaires, mais il ne leur sera pas permis de prendre part au vote à intervenir; ils ne peuvent, en effet, être à la fois juges et parties. En même temps, afin de ne pas livrer complètement l'appréciation des apports aux actionnaires qui possèdent un grand nombre d'actions, la loi exige que les décisions soient prises *à la majorité des membres présents*, formule qui implique pour tout actionnaire, quelque faible que soit du reste le nombre de ses actions, le droit de prendre part au vote. — Ce premier point acquis, il fallait éviter avec soin un second écueil; car, s'il est juste de prémunir les petits actionnaires contre la prépondérance des capitalistes, il faut, par une juste réciprocité, assurer l'influence légitime de ceux qui représentent une grande partie du capital social et empêcher une majorité de petits actionnaires, qui ne réunissent à eux tous qu'une infime partie des actions émises, de faire la loi à la société et de lui imposer une majoration des apports. La loi a paré à ce double danger, en décidant que la majorité devrait comprendre le quart de tous les actionnaires et représenter en même temps le quart du capital social en numéraire.

64. — Si la valeur attribuée par les fondateurs à leurs apports et aux avantages qu'ils ont stipulés est approuvée par l'assemblée, la société est constituée. Si, au contraire, l'assemblée refuse son approbation purement et simplement, la société ne pourra pas se constituer et « elle restera sans effet à l'égard de toutes les parties. »

Il peut arriver que, tout en refusant son approbation, l'assemblée fasse pourtant des offres réduites. Deux hypothèses peuvent alors se présenter. 1° Les fondateurs refusent d'admettre les chiffres nouveaux arrêtés par l'assemblée. S'il en est ainsi, toutes les parties sont déliées. 2° Ils acceptent les offres réduites proposées par l'assemblée. Dans ce dernier cas, de sérieuses difficultés se présentent, et on est amené à rechercher quelles seront exactement les conséquences de cette acceptation. Aura-t-elle pour effet d'obliger tous les souscripteurs, y compris ceux qui n'auraient pas consenti les offres nouvelles? — Il est d'abord un premier point bien certain, c'est que ceux des actionnaires qui ne se seraient pas rendus à l'assemblée devraient être considérés comme ayant été représentés par la majorité; ils seraient donc liés par les offres qu'elle a faites, car ils ont manifesté, par leur abstention, leur volonté de s'en rapporter aux décisions de la majorité. Mais la question est beaucoup plus délicate pour ceux des actionnaires qui composent la minorité de l'assemblée;

ceux-ci, à notre avis, pourraient prétendre que la société n'est pas constituée et qu'ils sont déliés de leurs engagements. Pourquoi les membres de la minorité ne pourraient-ils pas soutenir que la majorité de l'assemblée est sortie de ses attributions? Sa seule mission n'était-elle pas d'accepter ou de rejeter purement et simplement les chiffres fixés par le projet des statuts? En acceptant d'autres chiffres, n'a-t-elle pas consenti une transaction pour laquelle elle n'avait aucun pouvoir (1)? Les souscripteurs n'avaient, au fond, pris qu'un engagement conditionnel dont le maintien était subordonné à la condition: *si l'évaluation des apports et avantages est approuvée.* Or cette condition ayant défailli, ils sont dégagés et il ne peut appartenir à d'autres souscripteurs de changer les termes de leur engagement. Cette solution semble, du reste, confirmée par les termes mêmes de la loi: à défaut d'approbation, *la société reste sans effet* à l'égard de toutes les parties.

L'arrangement ainsi intervenu entre la majorité de l'assemblée et les actionnaires qui ont fait des apports ou stipulé des avantages particuliers, constituerait donc un contrat conditionnel soumis à une condition résolutoire, *si la minorité répudie les nouvelles offres.* Mais, comme une situation aussi équivoque doit cesser le plus rapidement possible, nous pensons que les intéressés pourraient mettre les actionnaires composant la minorité en demeure de se prononcer dans un certain délai, à peine de voir induire de leur silence soit leur acceptation, soit leur refus.

65. — L'article 4 rappelle, en outre, un principe qu'il était inutile d'insérer ici, puisque, d'après le droit commun, les conventions peuvent déjà être annulées pour dol ou fraude. Remarquons toutefois que les tribunaux ne devront

---

(1) Vavasseur, n° 407.

accueillir ces demandes qu'avec une extrême réserve, car l'évaluation est ici entourée de telles garanties, que des faits de cette nature sont bien improbables.

66. — La disposition finale de l'article 4 n'exige aucune explication. On comprend fort bien que, si des co-propriétaires par indivis d'un bien, forment entre eux, à l'exclusion de tous fonds étrangers, une société en commandite par actions à laquelle ils apportent ce bien, il ne soit pas indispensable pour eux de recourir à la longue procédure de l'article 4. Deux raisons majeures devaient nécessairement conduire à la solution que la loi consacre: *a*) comme co-propriétaires, ils sont à même de connaître exactement la valeur de l'apport en nature, et il serait superflu de la vérifier; *b*) d'autre part, il eût été impossible de prendre l'avis d'actionnaires qui sont tous, par la force même des choses, privés du droit de délibérer sur un apport fait par eux-mêmes. — Les motifs qui ont nécessité cette dérogation au principe de la vérification obligatoire des apports, n'existeraient plus dans le cas où plusieurs apports ayant été faits en nature, chacun de ceux-ci n'appartenait pas à tous les associés, mais à quelques-uns d'entre eux seulement. Toutes les formalités imposées par l'article 4 devraient alors être accomplies. Il est d'ailleurs évident que si les fondateurs constituent leur société sans faire appel au public, uniquement pour se dérober à la vérification de la valeur de leurs apports, mais avec l'intention bien arrêtée de céder ensuite leurs actions à des tiers, cette conduite constituera une fraude qui autorisera l'annulation; *fraus omnia corrumpit*.

67. — V. Le conseil doit vérifier s'il remplit lui-même toutes les conditions imposées par l'article 5 pour sa constitution. Nous ne nous occuperons pas ici de ces conditions, renvoyant, sur ce point, à ce que nous avons dit dans le chapitre précédent.

68. — Telles sont les vérifications auxquelles doit spécialement se livrer le premier conseil de surveillance. On a quelquefois soutenu que le premier conseil était tenu, sous sa responsabilité, de veiller à l'exécution des formalités prescrites par la loi (art. 55 et s.) pour la publicité de la société.

Cette vérification constituerait encore une obligation spéciale pour le premier conseil ; elle ne serait cependant pas, tout le monde le reconnaît, sanctionnée par la disposition de l'article 8 qui ne se refère qu'aux articles 1, 2, 3, 4, 5. La seule sanction consisterait dans l'application de l'article 9 qui vise toute faute commise par les membres du conseil dans l'exercice de leur mandat. A notre avis, les membres du premier conseil ne peuvent encourir de ce chef aucune responsabilité, car, la loi ne les chargeant pas de cette vérification, ils n'enfreignent aucun devoir légal et ne commettent aucune faute s'ils omettent d'y procéder. Comment pourrait-on, du reste, justifier sur ce point l'extension de la responsabilité du premier conseil? Celui-ci est institué pour procéder, aux lieu et place des actionnaires, à un contrôle qu'il leur serait presque impossible d'exercer personnellement ; mais ici la vérification est simple et facile; tout actionnaire, s'il ne voit pas paraître dans les journaux les publications prescrites, peut faire une démarche au siège social et interroger le gérant à cet égard. Il n'y avait donc pas lieu de charger le conseil d'une surveillance que tout actionnaire pouvait exercer utilement par lui-même. — La solution serait différente, si les statuts imposaient cette vérification au premier conseil de surveillance, car il commettrait alors une faute au regard des actionnaires, en négligeant de s'acquitter du mandat dont il avait été chargé par eux ; mais, remarquons-le, au regard des créanciers la situation ne serait pas modifiée, en thèse générale tout au moins, car les statuts n'ayant pas été déposés dans les greffes, etc., ni portés, par conséquent, à la connaissance des tiers, ne peuvent être invoqués par eux. — Remarquons, en outre, que, s'ils ne sont pas obligés légalement de faire opérer par le gérant les publications légales, les membres du conseil feront bien de ne pas se désintéresser tout à fait de cette question ; ils ont le devoir moral de prémunir la société contre toute cause de nullité (1).

69. — Ceci dit sur les attributions spéciales du premier conseil, nous devons maintenant nous occuper de la question suivante qui s'y rattache intimement.

Il arrive souvent qu'une société, après avoir fonctionné pendant un temps plus ou moins long, éprouve le besoin d'augmenter son capital et fasse, dans ce but, un nouvel appel aux fonds du public, en provoquant la souscription d'une seconde série d'actions. On est alors amené à se demander si l'émission des actions nouvelles est soumise, comme celle du capital primitif, à toutes les conditions exigées pour la constitution d'une société en commandite par actions et si, par suite, le conseil qui fonctionne immédiatement après l'émission, est tenu de s'assurer de leur exécution. Sur certains points, aucun doute ne peut subsister, notamment en ce qui concerne le taux et la forme des actions (2), mais la question ne laisse pas d'être assez délicate pour les règles relatives à la souscription de la totalité du capital et au versement du quart de chaque action.

D'après M. Vavasseur (3), les exigences de l'article Ier ne doivent pas être étendues à l'hypothèse qui nous occupe.

(1) Vavasseur, n° 580.

(2) Car pour le taux et la forme des actions, le texte est conçu d'une façon tout à fait générale.

(3) Vavasseur, n° 376.

Ne serait-ce pas créer à la société des entraves inutiles et souvent funestes que de l'obliger à n'user du capital supplémentaire que s'il était intégralement souscrit? Pourquoi ne pas laisser agir ici, comme partout, la liberté naturelle des conventions? Il n'y a évidemment aucune raison, car l'article 1er est inapplicable autant par son texte que par son esprit. *Par son texte*, puisqu'il ne vise que la société à son origine. *Par son esprit*, car il n'y a aucune analogie entre l'émission d'une nouvelle série d'actions et la constitution d'une société; dans le premier cas, en effet, la société a fait ses preuves et la loi la voit avec faveur; dans le second cas, au contraire, la loi se défie et impose des garanties sévères, afin de proscrire les sociétés factices fondées dans un but de spéculation. Et puis, ajoute-t-on, comment appliquer la nullité originelle et absolue édictée par l'article 7, à une société qui, pourtant, a vécu légalement, et dont l'origine a été exempte de vices jusqu'au jour où le capital supplémentaire a été émis.

Nous ne voyons aucune raison sérieuse d'admettre une différence entre l'une et l'autre situation et, soit qu'il s'agisse d'une constitution de société ou d'une nouvelle émission faite par une société déjà existante, nous croyons que l'on devra, à peine de nullité, se conformer aux prescriptions de l'article 1er (1). Et, en effet, les raisons invoquées en sens contraire ne sont que spécieuses. La disposition qui exige la souscription de l'intégralité du capital et le versement du quart a été, comme les autres prescriptions de l'article 1er, dictée au législateur par des considérations de moralité et d'ordre public; toutes ont été imposées

---

(1) En ce sens : Dalloz, v. société, n° 1183. — Alauzet, t. I, n° 448. — Rivière, n° 17. — Beudant, *Revue critique*, XXXVI, p. 121, — Bourguignat; Note sous Cassation, 8 mars 1876, Sir. 76, 1, 409. — Cass., 11 mai 1870, Sir 70, 1, 425. — Cass. 5 novembre 1879, J. P. 1880, p. 382.

par la même pensée, et il n'y a pas lieu de faire ici une distinction entre les diverses dispositions de l'article 1er, dont les unes seraient applicables aux émissions postérieures, tandis que les autres (souscription et versement) pourraient impunément être négligées. Il faut, en cas d'augmentation du capital, que le consentement des souscripteurs soit aussi éclairé et aussi libre que celui des souscripteurs d'une société qui se constitue ; pour cela, il faut, de toute nécessité, que l'ensemble des prescriptions relatives à la constitution des sociétés par actions soit applicable en cas d'augmentation du capital social, car les mêmes dangers existent. La loi ne veut pas que la société puisse commencer ses opérations, tant qu'elle n'a pas réalisé le capital jugé nécessaire pour s'y engager sans risques ; elle ne veut pas non plus que les souscripteurs soient liés, quand le situation annoncée par les statuts ne parvient pas à se réaliser; or, sous ce double rapport, qu'il s'agisse du capital originaire ou du capital supplémentaire, il n'y a aucune différence. Quant à l'objection consistant à dire qu'on ne peut frapper d'une nullité absolue une société qui a cependant rempli toutes les conditions légales jusqu'au jour de la nouvelle émission, elle tombe à faux et, par suite, ne doit pas être prise en considération. En effet, toute augmentation du capital de fondation équivaut, pour ainsi dire, à une sorte de nouvelle constitution partielle de la société; quand les conditions prescrites par l'article 1er pour la constitution d'une société ne sont pas toutes exactement remplies, la nouvelle constitution est nulle, mais l'ancienne société subsiste. En d'autres termes, l'augmentation du capital est atteinte rétroactivement, la société originaire reste valable, et c'est seulement la société nouvelle qu'on avait voulu greffer sur elle qui est nulle et non avenue.

70. — Si l'on admet ainsi que les émissions nouvelles sont soumises aux mêmes conditions de validité que la fondation d'une société, on doit naturellement décider que le conseil de surveillance, qui est en exercice immédiatement après une émission, a les mêmes devoirs et les mêmes attributions que le premier conseil de surveillance d'une société nouvelle.

SECTION II

ATTRIBUTIONS COMMUNES A TOUT CONSEIL DE SURVEILLANCE

71. — Après avoir ainsi exposé les devoirs spéciaux au premier conseil de surveillance, nous devons rechercher quels sont, d'une façon générale, les devoirs des membres du conseil de surveillance pendant le cours de la société.

Leur mission est déterminée par les deux premiers alinéas de l'article 10 de la loi de 1867 : « Les membres » du conseil de surveillance vérifient les livres, la caisse, » le portefeuille et les valeurs de la société. — Ils font » chaque année à l'assemblée générale, un rapport dans » lequel ils doivent signaler les irrégularités et les inexac- » titudes qu'ils ont reconnues dans les inventaires, et » constater, s'il y a lieu, les motifs qui s'opposent aux » distributions de dividendes proposés par le gérant. »

De ce texte résultent pour les membres du conseil de surveillance deux catégories de devoirs : 1° Vérification de la situation financière de la société au moyen des livres, etc. — 2° Présentation d'un rapport sur les inventaires et les distributions des dividendes. Occupons-nous successivement de ces deux classes de devoirs.

72. — I. *Vérification de la situation financière de la société.* — La loi ne se borne pas à indiquer sommairement que les membres du conseil de surveillance doivent contrôler la situation active et passive de la société, mais elle prend soin de déterminer quels sont les éléments dont ils devront se servir pour arriver à une vérification efficace. Dans ce but, elle leur impose un certain nombre de vérifications préalables sur lesquelles nous devons nous expliquer.

73. — A) *Vérification des livres.* — La première vérification dont s'occupe l'article 10 est celle des livres. Voyons exactement, dans le silence du texte, sur quels livres elle devra porter. — A ce propos, quelques explications préliminaires sont indispensables. — Tout le monde sait que les livres de commerce se divisent en deux classes : *les livres obligatoires* et les *livres auxiliaires.*

Trois livres sont obligatoires, ce sont :

1° Le livre-journal, qui est le livre fondamental de tout commerçant. Il présente, jour par jour, les dettes actives et passives du commerçant, les opérations de son commerce, ses négociations, acceptations ou endossements d'effets, et généralement tout ce qu'il reçoit et paie à quelque titre que ce soit ; il énonce aussi, mois par mois, les sommes employées à la dépense de sa maison. (Art. 8, Cod. de com.)

2° Le livre des copies de lettres, sur lequel le commerçant doit copier toutes les lettres qu'il envoie. D'autre part, ce dernier est tenu de conserver et de mettre en liasse les lettres missives, qu'il a reçues. (Art. 8, 2° alin.)

La correspondance complète de la maison de commerce est ainsi conservée et, s'il en est besoin, on peut y puiser d'utiles renseignements, soit pour contrôler les écritures du livre-journal, soit pour suppléer aux lacunes qu'il contient nécessairement (notamment les conditions des engagements, les accusés de réception, etc.).

3° Le livre des inventaires, sur lequel le commerçant doit copier les inventaires qu'il est obligé de faire chaque année. (Art. 9, C. de com.)

A côté de ces trois livres obligatoires, il en est d'autres qui, sans être indispensables, aux termes de la loi, sont pourtant usités dans le commerce, et dont l'usage, sans être nécessaire, n'en est pas moins général. On les désigne habituellement sous le nom de livres auxiliaires. Ce sont :

1° Le grand-livre, qui indique au nom de chacune des personnes avec lesquelles le commerçant est en relation d'affaires, le résumé des opérations faites avec elle, en se référant pour chaque mention au numéro du journal où l'article justificatif est porté. Grâce à ce livre, le commerçant peut, d'un coup d'œil, connaître exactement sa situation au regard de tel ou tel de ses correspondants.

Les commerçants dont les opérations sont compliquées ne se contentent pas de cette manière de tenir le grand-livre. Pour éviter les erreurs, ils établissent un contrôle spécial pour chaque article ; c'est ce que l'on appelle la tenue des livres en partie double. En voici le mécanisme : Dans toute opération commerciale il y a deux parties, l'une qui reçoit la valeur (débiteur), l'autre qui la fournit (créancier ou créditeur). Pour que cette double opération soit complètement représentée par les livres, il faut donc qu'elle soit portée à deux comptes différents, au débit de l'une des parties et au crédit de l'autre. On a, de cette façon, pour chaque opération commerciale, deux mentions en sens inverse qui se contrôlent l'une par l'autre ; le crédit d'une des parties est vérifié par le débit de l'autre, et réciproquement. Chaque correspondant ayant son compte particulier, il reste à établir le compte du commerçant auquel appartiennent les livres. et cela au regard de chaque correspondant. Afin de mettre de l'ordre dans ces comptes et d'abréger les recherches, on a imaginé ce qu'on appelle les comptes fictifs ou généraux. L'ensemble des opérations commerciales est subdivisé en diverses branches; chacune de ces branches est regardée comme une personne à qui on ouvre un compte. Ordinairement, on divise les opérations en six parties portées chacune à un des six comptes généraux, qui sont : 1° Marchandises générales : on le crédite de ce qu'on vend, on le débite de ce qu'on achète; 2° caisse : on la crédite de ce qu'on paie, on la débite de ce qu'on reçoit; 3° effets à recevoir; 4° effets à payer; 5° profits et pertes : on le crédite des gains, on le débite des pertes qu'on subit; 6° capital.

2° Le livre de caisse, sur lequel on inscrit tout ce qu'on paye ou reçoit en numéraire et en papier monnaie.

3° Le livre d'échéances, qui contient le montant des sommes que le commerçant doit toucher ou payer et indiquer le jour auquel ces rentrées ou ces paiements doivent se faire.

4° Le livre des traites et remises, sur lequel on mentionne tous les effets à leur entrée et à leur sortie.

5° Le livre des achats et ventes, sur lequel on transcrit les factures reçues des vendeurs et celles qu'on envoie aux acheteurs.

6° Le livre d'entrée et de sortie des marchandises. Il fournit de précieux renseignements sur la quantité exacte des marchandises qui se trouvent en magasin.

7° Le livre des frais généraux, où l'on inscrit les dépenses générales quotidiennes, dont le montant n'est reporté en bloc que chaque semaine ou chaque mois sur le livre-journal.

8° Le livre des profits et pertes, qui indique le gain ou la perte qui résulte de chaque affaire.

9° Le livre brouillard, qu'on peut appeler le brouillon du livre-journal, et sur lequel on incrit toutes les opérations commerciales, au fur et à mesure et dans l'ordre où elles se produisent, pour les reporter ensuite chaque jour sur le livre-journal.

74.— Ces explications données, revenons aux attributions des membres du conseil de surveillance. Ils ont, cela est certain, le devoir de vérifier les livres obligatoires, mais leur obligation ne va-t-elle pas plus loin et ne s'étend-elle pas aux livres auxiliaires? — Selon nous, l'affirmative ne saurait faire aucun doute (1). Il est évident, en effet, que devant vérifier les livres obligatoires, les membres du conseil doivent procéder à cette vérification d'une façon sérieuse et ne pas se borner à un examen superficiel. Ils doivent s'assurer que les opérations portées sur les livres sont des opérations véritables; le meilleur moyen de s'en convaincre est précisément de consulter l'ensemble des écritures. Les membres du conseil pourront ainsi recueillir des éclaircissements sur les articles portés aux livres obligatoires. En veut-on un exemple? — Voici des recettes, des entrées qui sont inscrites sur le journal; comment s'assurer que ces mentions sont exactes? Le seul moyen efficace consiste évidemment à vérifier si le livre de caisse et le livre des traites et remises mentionnent qu'à la date indiquée, la caisse a été débitée de sommes reçues, ou qu'à la même date la société a effectivement reçu telles ou telles valeurs négociables. Sans doute, même en usant de ces

(1) En ce sens ; Bédarride, n° 212. — Rivière, n° 92.

précautions, les fraudes ne seront pas toujours empêchées dans le cas où les gérants se seront rendus coupables de faux en écritures de commerce; mais, dans tous les cas, les chances de découvrir les fausses indications seront multipliées, et c'est déjà un point important.

75. — En cas de contradiction entre les livres obligatoires et les livres auxiliaires, il est bien certain que les premiers feraient seuls foi. Malgré cela, l'examen des livres auxiliaires aurait eu une grande utilité, car, en permettant aux membres du conseil de constater ces inexactitudes, il leur aurait, par là-même, dévoilé les fraudes ou tout au moins les négligences du gérant.

76. — Cette vérification des livres, il ne faut pas se le dissimuler, peut, dans certains cas, devenir très difficile et même presque impossible. Guidée par cette considération, la Cour de Lyon (1) a décidé que : « quelqu'importance qu'ait » l'examen des comptes courants, surtout dans une maison » de banque..., on ne pouvait *exiger du conseil de surveil-* » *lance*, ou qu'il examinât les nombreux comptes courants » ou qu'il portât spécialement son attention sur quelques » comptes, que rien ne signalait plus particulièrement à sa » vigilance. » Cette théorie nous semble dangereuse et nous ne croyons pas qu'elle puisse être admise, car il n'y a plus de surveillance effective, si l'on proclame ainsi que, dans certains cas, les membres du conseil ne sont pas chargés de vérifier les livres d'une façon sérieuse. La difficulté des vérifications ne doit pas diminuer l'attention que le conseil doit y prêter, sinon il arriverait que, précisément, elles seraient moins sérieuses dans les cas où cependant elles sont le plus nécessaires. Nous pensons donc qu'en principe, la vérification de tous les livres reste une stricte

(1) Lyon, 11 juillet 1873, D. 74, II, 209.

obligation légale pour les membres du conseil de surveillance, et cela, quelle que puisse en être la difficulté. Mais en même temps, nous nous hâtons de le déclarer, nous croyons qu'on devra toujours se rappeler que les membres du conseil ne sont pas des experts en comptabilité ; et pourvu qu'ils se soient acquittés de leur mission en hommes vigilants, on devra tenir compte des difficultés spéciales qui s'opposaient à l'exécution de leur mission. Les tribunaux ont sur cette matière plein pouvoir d'appréciation ; aussi pourront-ils, lorsqu'ils détermineront la responsabilité, en atténuer la rigueur et même aller jusqu'à la faire disparaître complètement, s'il ressort de l'examen des faits que la vérification était très difficile ou impossible. En d'autres termes, pour résumer notre pensée, nous dirons : les difficultés des vérifications engendreront une excuse atténuante et non pas un fait justificatif; l'obligation légale de s'assurer de la régularité et de la véracité des écritures. persiste tout entière, la responsabilité qui en découle peut seule s'affaiblir et aller jusqu'à disparaître.

Remarquons qu'en raisonnant ainsi on pourra arriver aux mêmes solutions pratiques que la Cour de Lyon ; mais il y aura toujours entre ce système et celui que nous combattons, cette différence capitale, que le premier imposera aux membres du conseil poursuivis en responsabilité, la charge de faire la preuve de l'impossibilité des vérifications, tandis que le second les dispensait de cette preuve, puisqu'il leur suffisait de prétendre qu'ils n'étaient pas astreints à ces vérifications.

77.—Quand les membres du conseil de surveillance auront ainsi, par la vérification des livres, déterminé l'importance de l'actif, ils devront s'assurer que cet actif se trouve bien sous différentes formes dans la caisse, dans le portefeuille, dans les magasins et immeubles occupés par la société.

D'où, trois nouvelles sortes de vérifications auxquelles ils doivent procéder.

78.—B) *Vérification de la caisse.*—Cette vérification est très facile et ne présente aucune difficulté. Il suffira de compter les espèces monnayées qui sont en caisse ainsi que le papier-monnaie qui s'y trouve, afin de s'assurer qu'elle contient bien les sommes constatées par le livre de caisse. Du reste, il est peu présumable que le gérant porte sur le livre de caisse des sommes supérieures à celles qui y sont réellement, car la ruse serait trop facilement découverte.

79. — C) *Vérification du portefeuille.* — Le portefeuille doit être vérifié à un double point de vue : matériellement et moralement, si nous pouvons nous exprimer ainsi. Les membres du conseil ne doivent pas, en effet, se borner à contrôler la quantité des effets qui sont en portefeuille, ils doivent, en même temps, en contrôler la qualité, c'est-à-dire en examiner la nature et la valeur (1).

Ceci appelle quelques explications. La nécessité de vérifier la quantité des effets en portefeuille se justifie par deux raisons distinctes. Cette vérification permet d'abord de s'assurer que tous les effets portés sur les livres comme contenus dans le portefeuille, s'y trouvent réellement, et que, sur ce point, les livres ne contiennent pas des mentions fictives ; en même temps, elle empêche le gérant qui voudrait éviter l'examen de certains effets douteux, de les extraire temporairement du portefeuille, sauf à les y replacer lorsque le conseil aura terminé ses opérations. Tout portefeuille occulte est ainsi rendu impossible, et les membres du conseil sont assurés que toutes les valeurs du portefeuille leur sont soumises. Ce premier point acquis, ils n'ont plus qu'à vérifier la qualité des valeurs, afin de s'as-

---

(1) Ainsi jugé : Lyon, 11 juillet 1873. D., loc. cit.

surer que certains effets dénués de toute surface n'ont pas été placés dans le portefeuille pour masquer certains déficits.

80. — Telles sont les deux opérations distinctes qu'entraîne la vérification du portefeuille. Voyons maintenant comment le conseil devra y procéder. Pour contrôler la quantité, le moyen est très simple. Il suffira de prendre le livre des traites et remises (1), puis : 1° d'y relever le nombre des effets qui étaient en portefeuille lors du dernier inventaire ; 2° d'y relever en outre tous les effets entrés depuis l'époque de cet inventaire jusqu'au jour où on opère la vérification ; 3° d'ajouter les deux nombres ainsi obtenus ; 4° de relever le nombre des effets sortis dans la même période ; 5° de retrancher ce dernier nombre du résultat de l'addition précédente. Le reste donnera le chiffre exact des effets qui doivent se trouver en portefeuille.

81. — Le contrôle de la qualité des effets est plus difficile et plus délicat, car le conseil de surveillance devant s'abstenir de tout acte d'immixtion dans la gérance, ne doit pas par suite « examiner les valeurs présentées chaque jour à l'escompte par la clientèle » (2). Cet examen appartient exclusivement à la gérance ; mais cependant on ne doit pas aller trop loin dans cette voie, et il faut reconnaître, avec la cour de Lyon (3), « qu'en thèse générale, sans doute, la » recherche de la solvabilité des débiteurs n'a point été et » ne pouvait être imposée aux conseils de surveillance ; » que la loi ne leur a demandé que la mesure ordinaire des » soins dont s'accompagne la vérification des écritures et » des facultés d'un commerce ; mais que ces soins peuvent

---

(1) L'arrêt précité du 11 juillet 1873, de la Cour de Lyon, a décidé en ce sens. V. aussi : Pont, *Sociétés civiles et commerciales*, n° 1510.

(2) Paris, 5 août 1869.

(3) Lyon, 8 juin 1864, D. P. 65, II, 197. — V. aussi Bédarride, n° 214.

» suffire pour amener à reconnaître l'abus des inventaires » où les gérants auraient frauduleusement et contre toute » évidence, négligé d'amortir une partie considérable de » l'actif ».

Grâce à ces éléments, les membres du conseil pourront déjouer les fraudes. — S'ils trouvent dans le portefeuille des effets échus, ils auront la preuve que ce sont des effets en souffrance et sans valeur, et ils pourront, sur ce point, provoquer les explications du gérant. S'ils découvrent des billets créés par le souscripteur d'un précédent billet à la date d'échéance du premier, ils devront examiner avec soin, si les derniers billets ont une cause distincte de celle du premier et n'en sont pas une simple représentation créée par voie de renouvellement. Enfin si, dans le portefeuille, ils ne découvrent pas les valeurs portées sur les livres, ils pourront, le plus souvent, en procédant sur ce point à une nouvelle vérification, se convaincre que le gérant a simulé une remise d'effets, afin d'éviter les reproches du conseil de surveillance, pour avoir fait de trop grands découverts à certains correspondants; que, dans ce but, il a, à la fin d'un trimestre, crédité ces débiteurs du montant d'effets créés sur eux-mêmes, dont il les a débités au commencement du trimestre suivant pour rétablir la balance.

82. — D) *Vérification des marchandises.* — Les marchandises constituant, elles aussi, un des éléments de l'actif social, doivent être vérifiées comme les valeurs du portefeuille, car il est certain que le gérant, en exagérant sur le livre d'entrées et sorties, soit la quantité, soit le prix des marchandises en magasin, peut arriver à accroître fictivement l'actif dans des proportions considérables. Les résultats que les membres du conseil obtiennent, leur servent donc à contrôler le livre des entrées et sorties.

83.— Examinons comment les membres du conseil devront procéder à cette vérification. — Le plus souvent, le moyen employé par le gérant pour dissimuler le déficit, consiste à exposer sur les rayons de ses magasins des coupons au lieu de pièces, des cartons entamés au lieu de cartons pleins, ou enfin, si les marchandises sont sur grenier, à en recouvrir d'une couche plus ou moins épaisse des matières sans valeur aucune, de façon à en augmenter le volume (1). Ces diverses fraudes ne sont pas aussi faciles à découvrir qu'elles peuvent le sembler au premier abord, car on ne peut pas imposer aux membres du conseil l'obligation de mesurer ou de compter tous les articles qui se trouvent en magasin. Nécessairement, ils sont donc forcés de s'en rapporter un peu à l'apparence, cependant ils peuvent et doivent constater les manquants s'ils se trouvent en présence de coupons très réduits au lieu des pièces indiquées, ou de cartons presque vides, alors qu'ils sont portés comme remplis. En somme, sur ce point, les attributions du conseil ne peuvent pas être fixées d'une manière absolue ; leur étendue dépendra avant tout de la nature spéciale du commerce de la société et aussi de la valeur relative des diverses marchandises qui en font l'objet. Il y aura donc là, bien plutôt une question de fait qu'une question de droit. — Quant au prix des marchandises, il sera facilement vérifié au moyen des factures des expéditeurs.

84.—A quelle époque les membres du conseil peuvent-ils procéder aux vérifications précédentes ?

La loi est muette sur ce point, mais il ressort de son esprit que les membres du conseil doivent pouvoir y procéder chaque fois qu'ils le croiront utile (2). En effet, pour

(1) Bédarride, nos 215-219.

(2) Bédarride, no 216.

exercer une surveillance effective et sérieuse, il faut être autorisé à contrôler à tout moment et chaque fois qu'on le juge nécessaire. L'article 11 de la loi de 1867 nous fournit, du reste, un argument puissant en faveur de l'opinion que nous soutenons. Cet article autorise le conseil de surveillance à convoquer l'assemblée générale dans le cours d'un exercice, pour lui proposer la dissolution de la société ; or, comme il est impossible de penser que ce soit sans des motifs impérieux que le conseil en arrive à une telle extrémité, il faut bien supposer qu'il ne prend ce parti qu'après s'être éclairé exactement sur la situation. Le législateur a dû, à moins d'être illogique, sous-entendre pour les membres du conseil la faculté de vérifier les livres, etc., chaque fois qu'ils croiront devoir le faire. Du reste, en pratique, des difficultés ne se présenteront que fort rarement à ce sujet, car la plupart des sociétés ont pris le soin de fixer pour les vérifications, des époques si rapprochées les unes des autres, qu'il sera inutile de procéder à une vérification dans l'intervalle. Cependant, comme il faut tout prévoir, nous pensons que, si, malgré la demande du conseil, le gérant se refusait à lui communiquer les écritures, etc., dans l'intervalle des époques fixées par les statuts, les membres du conseil auraient le droit de réunir immédiatement l'assemblée générale pour lui soumettre la conduite du gérant.

85. — Les membres du conseil peuvent donc, quand ils le veulent, vérifier les livres, le portefeuille et les valeurs de la société ; mais quand le doivent-ils? — Sur ce point encore, la loi est muette et le plus souvent les statuts sociaux fixeront les époques auxquelles ils devront régulièrement s'acquitter de leur mission. Dans le cas où les statuts auront ainsi réglé la question, nulle difficulté : Les membres du conseil ont accepté de surveiller dans les conditions ar-

rêtées par les statuts; une convention est intervenue sur ce point entre eux et la société ; ils seront donc tenus de se réunir aux époques fixées, puisque les conventions forment la loi des parties.

Au contraire, si les statuts ont gardé le silence, on doit décider que les membres du conseil devront obligatoirement y procéder au moins une fois chaque année à l'époque de l'inventaire (1), car, pour pouvoir se prononcer en connaissance de cause sur ce document, ils doivent en examiner avec soin les divers éléments.

86. — II. *Rapport annuel.* — Nous sommes ainsi amené à nous occuper de la seconde obligation des membres du conseil qui, aux termes de l'article 10, al. 2, « font chaque » année à l'assemblée générale un rapport dans lequel ils » doivent signaler les irrégularités et inexactitudes qu'ils » ont reconnues dans les inventaires et constater, s'il y a » lieu, les motifs qui s'opposent aux distributions des divi» dendes proposés par le gérant. »

Si les membres du conseil ont procédé avec soin aux diverses vérifications imposées par la loi, leur tâche est ici singulièrement facilitée, et ils peuvent, sans grandes difficultés, reconnaître ou signaler les inexactitudes de l'inventaire.

87. — L'inventaire est un état qui doit être dressé chaque année par tout commerçant. Il contient tous les éléments de l'actif et du passif de celui-ci ; il est divisé d'habitude en deux colonnes, l'une pour l'actif brut, l'autre pour le passif. Le résultat de la comparaison de ces deux colonnes par voie de soustraction, donne l'actif net ou le déficit, selon que l'actif brut est supérieur ou inférieur au passif.

---

(1) En ce sens : Lyon, 11 juillet 1873. Cet arrêt pose la nécessité de la vérification du portefeuille chaque année spécialement à l'époque de l'inventaire

C'est cet état que les membres du conseil doivent vérifier pour en constater les irrégularités et les inexactitudes. Le meilleur moyen de leur assurer la connaissance exacte de l'état de la société eût été, sans contredit, de leur permettre d'assister et de prendre part à la confection de l'inventaire. Le législateur toutefois ne l'a pas voulu, et il a refusé d'autoriser une pareille immixtion dans la gérance. « Le conseil est uniquement chargé d'examiner l'inven- » taire ; il peut l'approuver ou le critiquer, sans jamais pouvoir le refaire ni le modifier (1). »

A ce sujet, le moindre doute ne saurait subsister, car l'intention du législateur s'est manifestée très clairement au cours de la discussion de la loi de 1856. « L'article, di- » sait M. Langlais dans son rapport, determine les attri- » butions des conseils de surveillance. Vérifier les livres, » la caisse, le portefeuille et les valeurs de la société, voilà » leur droit et leur devoir. Le projet ajoutait : « *Ils sur-* » *veillent les inventaires et s'opposent à ce qu'il soit dis-* » *tribué des dividendes fictifs.* » Votre commission a pro- » posé d'y substituer la rédaction suivante que le Conseil » d'État a adoptée. « *Ils font chaque année un rapport à* » *l'assemblée générale sur les inventaires et sur les propo-* » *sitions de dividendes faites par le gérant.* » Le rôle du » conseil de surveillance nous a paru de cette manière » plus nettement déterminé. *La loi n'entend pas, en effet,* » *que le conseil soit partie active* dans la confection de l'in- » ventaire, qu'il en puisse changer les bases, qu'il en fasse » ce qu'on appelle le règlement. C'est un contrôle qui lui » appartient ; si l'inventaire ne lui paraît pas exact, il » en appelle par son rapport à l'assemblée générale, qui » juge » (2). — Rien, dans la discussion de l'article 10 de la

(1) Ameline, n° 82, *Revue pratique*, t. 24, année 1867, p. 430.

(2) Lois annotées de Carette et Gilbert, 4e série (1855-1860), p. 103.

loi de 1867 qui reproduit presque textuellement la disposition de l'article 8 de la loi de 1856 à laquelle il donne seulement plus de développement, ne peut donner à penser que le législateur ait voulu innover sur ce point ; aussi, doit-on, s'en référer aux explications fournies par le rapporteur de 1856 et décider que toute part active dans la confection de l'inventaire est refusée aux membres du conseil.

88. — Examinons comment doit être dressé l'inventaire et, par suite, quelles sont sur ce point les vérifications auxquelles doivent procéder les membres du conseil de surveillance.

L'actif y sera porté sous ses différentes formes : caisse, portefeuille, marchandises, matériel, immeubles, etc. Tous ces éléments n'ayant pas une valeur déterminée, il va falloir procéder à une évaluation qui souvent sera très délicate. Nous avons déjà traité plus haut (n°s 78 et s.), à propos de la vérification de la véracité des livres, la question de savoir comment on doit vérifier le montant de la caisse et du portefeuille, et nous nous bornons à renvoyer, sur ces points, à ce que nous avons dit alors. — Cependant, nous ne pouvons nous dispenser de faire ici une double observation relative à la nature et au montant des effets qui devront être compris à l'actif de la société. En effet, comme l'actif porté sur l'inventaire ne doit comprendre que des éléments sérieux, il est évident que l'on ne pourra y faire figurer que des effets souscrits par des personnes dont rien ne fait actuellement prévoir l'insolvabilité. Si quelques créances ne remplissent pas cette condition et sont d'un recouvrement douteux, on ne doit les faire figurer dans le bilan que pour mémoire, sous le titre de créances douteuses. De plus, comme les valeurs en portefeuille doivent échoir à des dates plus ou moins éloignées, elles n'ont pas actuellement pour la société une valeur réelle égale à leur valeur nominale ; on ne doit donc porter les effets que pour leur valeur actuelle, c'est-à-dire qu'il faut en faire le réescompte avant de les mentionner à l'actif.

89. — Quant aux marchandises dont nous avons aussi parlé plus haut (n°s 82 et 83), nous devons faire ici quelques observations.

Lorsqu'il s'agissait de contrôler la véracité des livres, nous disions que le conseil devait rechercher combien les marchandises avaient *réellement coûté* à la société ; ici, la base d'évaluation ne doit plus être la même, car l'inventaire mentionne seulement les valeurs qui se trouvent actuellement dans le fonds social, ou plutôt celles qu'on serait assuré d'en retirer en le réalisant.

Aussi les membres du conseil devront-ils s'assurer (1) que dans l'évaluation des marchandises, le gérant les a comptées au cours du jour et non pas en se fondant sur le prix d'achat ou sur le produit qu'il espère en retirer. A cette fin, ils doivent, s'ils n'ont pas de connaissances suffisantes, s'enquérir auprès de personnes compétentes du prix courant de ces marchandises. Ce dernier devoir cesserait toutefois, si la quantité de telle ou telle matière dont on ne connaît pas exactement la valeur actuelle, était si minime, qu'une exagération de sa valeur ne pourrait causer aucun préjudice sérieux à la société.

90. — L'appréciation du matériel offre encore plus de difficultés, car il se détériore par l'usage. On doit donc, si l'on ne veut pas s'exposer à de cruelles mésaventures, lui faire subir à chaque inventaire des dépréciations successives (2). Il faut l'amortir, en un mot. — Le plus souvent, les statuts

(1) En ce sens : Bédarride, n° 220.

(2) Vavasseur, n° 611.

auront pris le soin de fixer à ce sujet une dépréciation annuelle d'une quotité fixe 1/5, 1/10, etc. ; dans ce cas la tâche sera très simplifiée. — En l'absence de cette précaution, le moyen le plus sûr sera d'estimer la durée probable de ce matériel et de diviser le prix d'achat par le nombre d'années ainsi obtenu. Le résultat de cette division donnera le chiffre de l'amortissement que le capital devra subir chaque année.

91. — Les immeubles de la société doivent aussi être estimés à leur juste valeur, c'est-à-dire au prix qu'on serait assuré de les revendre.

92. — Il y a d'autres valeurs qui sont peut-être encore plus difficiles à apprécier et qui, cependant, doivent nécessairement être évaluées. Tels sont, par exemple, les brevets d'invention qui perdent chaque jour de leur prix, les carrières et les mines qui, allant en s'appauvrissant, diminuent chaque jour d'importance et qu'il faut aussi amortir. Tels seraient, en outre, les frais de constitution et de premier établissement qui, à la fin de la société, ne représentent plus aucune valeur utile ni réalisable et, par conséquent, doivent être complètement amortis pendant la durée de la société.

93. — Quand l'actif aura été ainsi vérifié, les membres du conseil devront s'assurer que le passif porté à l'inventaire, n'a pas été frauduleusement réduit, et que toutes les dettes de la société y ont été également portées.

Telles sont les attributions des membres du conseil de surveillance relativement à l'inventaire.

94. — Lorsqu'ils se sont livrés aux diverses investigations que nous venons de mentionner, les membres du conseil, en fidèles mandataires, doivent rendre compte de leur mandat. C'est là une obligation de droit commun, à laquelle

sont assujettis tous les mandataires et que la loi de 1867 a consacrée formellement, en imposant au conseil l'obligation de faire chaque année un rapport sur les inexactitudes et les irrégularités qu'il a reconnues dans l'inventaire.

95. — Ce rapport doit en outre constater, dit l'article 10, les motifs qui s'opposent à la distribution des dividendes proposés par le gérant. Il en résulte que les membres du conseil ont, relativement à l'inventaire, une double tâche : *a*) examiner l'importance des bénéfices, *b*) apprécier l'opportunité de leur distribution.

A ce point de vue, ils doivent donc vérifier si les dividendes proposés par le gérant ne sont pas exagérés et s'ils reposent sur des bénéfices sérieux. Cette vérification a une grande utilité, car les gérants, l'expérience l'a prouvé, ne sont que trop portés, dans le but d'inspirer à tous une confiance trompeuse, à distribuer des dividendes qui ne sont aucunement en rapport avec la situation de la société. — Cette exagération porte préjudice à la fois aux créanciers et aux actionnaires : *aux créanciers*, puisqu'en l'absence de bénéfices suffisants, les dividendes distribués seront pris sur le capital de la société et diminueront d'autant le gage auquel ils ont droit ; *aux actionnaires*, qui, alléchés par la promesse de gros revenus, ont acheté des actions à des prix trop élevés. Nous sommes ainsi amené à parler de la partie la plus délicate de l'inventaire, c'est-à-dire, du compte des bénéfices réalisés pendant l'année. L'examen de ce compte a une extrême importance ; c'est lui qui va servir de base à la fixation des dividendes.

96. — On est généralement d'accord pour décider que le bénéfice ne doit être pris en considération que s'il est certain et réalisé ; mais la difficulté commence lorsqu'il s'agit de déterminer ce qu'il faut entendre par un bénéfice certain et réalisé. Certains auteurs estiment qu'il faut un bénéfice

encaissé (1): « Si l'actif n'est point encore encaissé, dit » M. Delangle, s'il y a des recouvrements à faire, il ne » peut y avoir lieu encore à une distribution de dividendes, » car des événements ultérieurs, une faillite, par exemple, » peuvent rendre l'actif inférieur au passif: l'espérance » d'un bénéfice n'est pas encore un bénéfice. »

Nous ne pensons pas qu'on doive admettre ce système (2), qui rendrait impossible toute distribution de dividendes pendant le cours d'une société, si longue qu'elle fût, car c'est à la liquidation seulement que l'actif social peut être vendu, réalisé et encaissé d'une façon définitive. On a, il est vrai, essayé de trouver un argument contre l'opinion que nous soutenons, dans l'exposé des motifs de la loi du 23 mai 1863 qui, cherchant à définir les dividendes non réellement acquis s'exprimait en ces termes: « Il ne » suffit pas que des opérations engagées fassent concevoir » des espérances qui paraissent presque des certitudes, ni » même que des conventions faites, des marchés conclus, » constituent des droits véritables, des créances positives. » Les résultats probables des entreprises, les effets des » conventions et des traités, ne sont pas encore des bénéfices qu'on puisse distribuer. Si on en fait la répartition » avant qu'ils soient effectivement réalisés, avant que *la » caisse sociale ait reçu les sommes* qui en sont la représentation, c'est sur le capital social qu'est pris ce qui est » donné aux actionnaires sous le nom de dividendes...(3) » Il n'y a, selon nous, aucun argument à tirer de ces paroles, car, dans les habitudes du commerce, les effets négociables souscrits par des personnes solvables sont considérés

(1) Dalloz, v. *Société*, n° 1390. — Delangle, *Commentaire sur les Sociétés commerciales*, n° 354 et suiv. — Molinier, n° 556.

(2) En ce sens · Vavasseur, n° 613.

(3) Duvergier, année 1863, p. 354.

comme une véritable monnaie On peut donc dire que les sommes représentées par des effets sérieux sont véritablement encaissées et représentent une valeur, peut-être plus certaine encore que les marchandises. C'est, du reste, ce qui semble ressortir des paroles prononcées par le rapporteur de la même loi, lorsque, pour déterminer la signification de l'expression *réellement acquis,* il s'exprimait en ces termes: « On a voulu exprimer ainsi les bénéfices qui » ne peuvent plus échapper à la société, qui ne sont plus » à l'état de simple éventualité, quelle qu'en soit la vrai- » semblance; dont aucun coup du sort, *excepté une insol-* » *vabilité imprévue,* ou une destruction fortuite, ne peut » plus priver la société. Sans doute, *il ne sera pas toujours* » *nécessaire que le bénéfice ait été encaissé;* il pourra ré- » sulter d'une valeur, d'une traite, *même d'une simple* » *créance, pourvu qu'elle soit réputée bonne,* non suscep- » tible de discussion, et de nature, suivant les usages du » commerce, à figurer à l'actif (1). » Puis, pour mieux préciser encore sa pensée, le rapporteur ajoutait: « Le bon » sens et la pratique commerciale *seront, sur ce point, le* » *meilleur commentaire de la loi.* Quel est, pour ne prendre » qu'un exemple, le commerçant, l'industriel, qui ne sache » pas distinguer une opération conclue et liquidée de celle » qui n'est qu'en cours d'exécution? » — Ces paroles sont précieuses, car, sous ce rapport, il y a analogie complète entre les sociétés en commandite et les sociétés à responsabilité limitée, et puisque rien de contraire n'a été dit au cours de la discussion de la loi de 1867, il est naturel de s'y reporter.

97. — Ainsi l'encaissement n'est pas une condition indispensable; il suffit que le bénéfice résulte d'une opération

---

(1) Rapport de M. du Miral, *Coll. des lois,* Duvergier, 1863, p. 363.

accomplie. La jurisprudence n'avait pas, du reste, attendu la discussion de la loi de 1863 pour poser la distinction que nous venons d'établir. C'est ainsi que le 28 juin 1862, la Cour de cassation (1), repoussant la théorie trop absolue qui avait été exposée devant elle par son procureur général, M. Dupin, décidait que le bénéfice, pour pouvoir être distribué, doit être réellement acquis, c'est-à-dire « qu'il » faut qu'il soit complètement réalisé; qu'il n'est acquis à » la société dans le sens de la loi qui a voulu écarter les » dividendes frauduleux et même ceux qui ne seraient que » hasardés, qu'autant qu'il est le résultat d'une opération » accomplie. » La Cour de Caen décidait, dans le même sens, le 16 août 1864 (D. P., 65, II, 192) que les distributions de dividendes ne devaient être opérées « que lorsque » les bénéfices sont réellement acquis, c'est-à-dire *actuels.*» La même Cour consacrait encore plus clairement cette doctrine dans son arrêt du 14 décembre 1869 (2), par lequel elle décidait qu'une maison de banque peut faire figurer à l'actif, dans des inventaires, des créances non recouvrées quoique devenues mauvaises depuis, parce que, disait-elle, « l'actif ne consistant presque toujours que dans des » créances garanties uniquement par la solvabilité apparente des débiteurs, ne devient certain que par la rentrée effective de ces mêmes créances, laquelle est inconciliable avec la continuation des affaires. »

Remarquons, du reste, qu'il n'y a pas, en pratique,

(1) Dal. 62, I, 307. « On ne partage pas des espérances, avait dit M. Dupin, même bien fondées; on ne partage pas *une chance,* mais *des écus.* Un dividende, avant de sortir de la caisse de la société, doit y être entré ». — Junge, Cass. 7 mai 1872, D. P., 72, I, 233. Cet arrêt exige des valeurs réalisées ou immédiatement réalisables, c'est-à-dire *actuelles,* puisqu'il les oppose à des valeurs éventuelles.

(2) Caen, 14 décembre 1869 (Ann., Lehir).

grand danger à ne pas exiger un encaissement effectif et à se contenter de bénéfices représentés par de bonnes valeurs, car, en admettant que par suite d'une faillite, quelques-unes de celles-ci deviennent irrécouvrables, le fonds de réserve, qui a pour destination de parer précisément aux pertes imprévues, permettra généralement de combler ce déficit sans entamer le capital social.

98. — Nous avons dit que les membres du conseil devaient examiner non seulement la réalité des bénéfices, mais encore l'opportunité de leur distribution (1). Cette dernière obligation résulterait déjà pour eux des règles du droit commun, car, chargés de surveiller les opérations sociales, les membres du conseil de surveillance devraient veiller à ce que le gérant ne commît pas de faute de nature à compromettre la marche de la société ; mais en présence du texte général de l'article 10 qui les oblige à signaler *les causes qui s'opposent à la distribution des dividendes* proposés par le gérant, le moindre doute ne saurait subsister à cet égard. C'est ainsi qu'ils devraient, selon nous, après une augmentation du matériel, s'assurer, avant de proposer toute distribution de dividendes, que les fonds de roulement sont suffisants pour faire face aux exigences qui vont résulter de l'amélioration de l'outillage. — Dans le cas particulier, cette attribution des membres du conseil se justifie facilement, car ils sont mieux placés que personne, pour apprécier si les capitaux disponibles suffisent à la marche de la société.

99. — Ainsi, les membres du conseil de surveillance doivent, dans leur rapport, apprécier la réalité et l'opportunité de la distribution des dividendes proposés par le gérant. On s'est demandé si les statuts de la société pouvaient les dis-

(1) En ce sens : Vavasseur, n° 617.

penser de cette double appréciation ; si, en d'autres termes, une clause statutaire décidant que les actionnaires toucheront tant pour cent en dehors de tout bénéfice, pourrait dispenser les membres du conseil de faire un rapport sur la réalité et l'opportunité des dividendes.

Voici exactement dans quels termes cette question s'est posée. — Les statuts d'une société en commandite par action portaient : « Les intérêts des sommes versées sur le capital social seront compris parmi les frais généraux », ce qui revenait à dire que les intérêts convenus seraient payés régulièrement aux actionnaires en l'absence de toute réalisation de bénéfices. Toute la question est de rechercher si une telle clause est valable dans une société par actions ; car, si on admet l'affirmative, on devra nécessairement décider qu'elle a pour effet de décharger le conseil de surveillance du soin de vérifier les dividendes.

Cette clause est devenue très fréquente, surtout depuis la construction des lignes de chemins de fer. On a pensé que ces entreprises, qui exigent une longue période de dépenses avant de donner aucun rapport, trouveraient bien peu de capitalistes consentant à avancer des fonds pendant plusieurs années sans toucher aucune rémunération, et le gouvernement a même approuvé cette clause dans des statuts de sociétés anonymes soumis à son examen. La jurisprudence a constamment admis la validité de cette clause (1), et un arrêt de la Cour de cassation décidait encore, à la date du 8 mars 1881, « qu'on ne saurait considérer une telle clause consacrée par les usages du commerce comme étant, par elle-même, contraire aux principes essentiels de la commandite ; qu'en effet, le paie-

(1) Cass., 19 mai 1847, Sir. 47, I, 585. — Caen, 16 août 1864, Sir. 65, II, 33. — Cass., 8 mai 1867, D. P., 67, I, 193. — Cass., 6 mai 1868, Sir., 68, I, 243. — Cass., 8 mai 1881, D. P. 81, I, 198.

» ment de ces intérêts, lorsqu'il a été expressément placé » au nombre des frais généraux, peut, ainsi que l'a re- » connu l'arrêt attaqué, avoir le caractère d'une charge des- » tinée à assurer la marche régulière de la société, etc. » Quant aux auteurs, ils sont divisés sur la question. Un premier groupe reconnaît la validité de la clause (1).

D'autres, au contraire, avec raison selon nous, pensent qu'une stipulation de cette nature est radicalement nulle (2). En effet, peut-on dire, les souscripteurs font un apport social et non un prêt à la société ; ils deviennent associés et non créanciers ; ils ont donc droit à une part dans les bénéfices si la société en réalise, mais là s'arrête leur droit. Exiger davantage, n'est-ce pas demander la distribution de dividendes fictifs ? N'est-ce pas reprendre sous forme de revenus une partie de la mise des commanditaires ? N'est-ce pas diminuer le gage sur lequel les tiers ont pu compter ? Peut-on justifier une telle prétention ? — Évidemment non. Les commanditaires n'ont pas ce droit ; leur apport doit rester intact ; ils ne peuvent rien en retirer que sous forme de bénéfices jusqu'au moment de la liquidation. Si, en l'absence de tout bénéfice, on leur distribue une certaine somme, celle-ci sera forcément prise sur le capital, et l'associé arrivera ainsi indirectement à retirer tout ou partie de sa mise. On violerait ainsi l'article 26 du Code de commerce, d'après lequel les commanditaires sont tenus jusqu'à concurrence des fonds qu'ils ont mis ou dû mettre dans la société. De plus, n'irait-on pas contre l'intention du législateur de 1867, qui a voulu assurer la *réalité* des ressources de toute société par actions, et qui

(1) Mathieu et Bourguignat, nº 92. — Vavasseur, nº 658. — Pont, *Traité des Sociétés*, nº 1456.

(2) Alauzet, nº 492. — Bédarride, nº 233. — Demangeat, Sir. 1881, I, p. 257. — Rousseau : *Questions nouvelles sur les sociétés*, p. 95.

n'a entendu tolérer des variations dans le capital social que moyennant l'observation des conditions particulières qu'il a réglées dans les articles 48 et suiv. de cette loi? N'arriverait-on pas ainsi à constituer des sociétés ayant une certaine analogie avec les sociétés à capital variable, et qui seraient pourtant dispensées des règles spéciales qui régissent cette sorte de sociétés (1)? Quant à classer, comme le propose la jurisprudence, le paiement des intérêts dans les dépenses obligatoires, sous forme de frais généraux, c'est encore plus inadmissible. Toutes les dépenses portées volontairement aux frais généraux doivent être faites dans l'intérêt de la marche de la société : or, celle-ci est tout à fait inutile pour atteindre ce résultat; aussi la société ne doit-elle pas pouvoir se grever ainsi, par convention, de charges qui ne lui sont pas imposées et qui seront, on en est certain d'avance, tout à fait improductives. D'ailleurs, le système contraire conduit à un résultat exorbitant, car l'associé dont les mises auraient été ainsi réduites par une série de restitutions partielles, n'en continuerait pas moins à toucher une somme d'intérêts calculée sur sa mise primitive et non sur sa mise ainsi réduite.

100. — M. Boistel (2), tout en étant tenté d'admettre, en principe, la nullité de la clause dont nous nous occupons, incline pourtant, en considération des nécessités pratiques, à en reconnaître la validité si elle ne se rapporte qu'à la période des constructions, et encore, selon lui, les statuts devraient-ils stipuler que plus tard on prélèverait, sur les premiers bénéfices réalisés, la somme nécessaire pour reconstituer le capital ainsi diminué, avant de payer un

---

(1) Notamment la défense de réduire le capital au-dessous du dixième de son montant.

(2) Boistel, n° 295. — Junge Troplong, sociétés, n° 191.

dividende proprement dit. Cette distinction nous semble difficile à justifier, au point de vue théorique; la clause est valable ou elle est nulle; il ne saurait y avoir ici un moyen terme.

101. — La plupart des auteurs qui admettent la validité de la clause que nous venons de combattre exigent, pour qu'on puisse l'opposer aux tiers, qu'elle soit publiée. Quelques autres, au contraire, ne regardent pas cette condition comme indispensable. Cette question ne se pose pas pour nous, puisque nous avons repoussé cette clause d'une façon absolue.

102. — Il arrive souvent que les statuts décident que les associés toucheront des coupons d'intérêts et des coupons de dividendes. Cette clause est très licite, car elle n'accorde pas aux actionnaires le droit de toucher des revenus en l'absence de tout bénéfice réalisé; ils ne toucheront véritablement que des dividendes; seulement le coupon de dividendes sera subdivisé en deux parties, dont l'une prendra le nom de coupon d'intérêt. Cette pratique présente un double avantage; en premier lieu, elle permet aux associés, d'apprécier plus exactement la prospérité de l'entreprise, puisqu'ils touchent, à part, l'intérêt normal des sommes qu'ils ont versées et les profits produits en sus de l'intérêt; en second lieu, cet usage permet de payer en plusieurs termes les revenus des actionnaires, sans être obligé d'attendre le résultat final de l'exercice. Tous les trois mois, par exemple, ils toucheront le coupon d'intérêt de leurs actions, tandis qu'au contraire le coupon de dividende ne leur sera versé que lorsque le compte des bénéfices de l'exercice sera définitivement arrêté.

103. — Du reste, cette clause ne sera valable que si elle ne change pas le caractère des revenus de l'actionnaire. Celui-ci ne doit toucher que des dividendes; aussi faut-il dé-

cider que, si l'exercice se liquide par un déficit ou sans gains, les actionnaires devront rapporter les sommes qu'ils auront ainsi touchées.

104. — Les membres du conseil doivent consigner dans le rapport annuel qu'ils sont tenus de faire à l'assemblée générale, le résultat des vérifications auxquelles ils ont dû se livrer. Ce rapport doit nécessairement contenir l'opinion de tous les membres du conseil; ceci ressort, avec la dernière évidence, de l'esprit de la loi de 1867, qui, nous l'avons déjà fait remarquer, impose le plus souvent aux membres du conseil des devoirs individuels. Cette nécessité résulte aussi, pour le cas spécial qui nous occupe, du texte même de l'article 10, § 2 : Les *membres* du conseil font chaque année un rapport, etc.

De ce texte, nous concluons que, nécessairement, il doit y avoir tous les ans une assemblée générale ordinaire des actionnaires, à l'effet d'entendre le rapport des membres du conseil. Ceux-ci doivent faire toutes les diligences nécessaires pour provoquer cette réunion dans le cas où le gérant négligerait de la convoquer.

105. — Le devoir des membres du conseil va même plus loin. Ils doivent ne pas se borner à présenter un rapport oral; il faut, en outre, ceci ressort des termes de l'article 12, qu'ils dressent un rapport écrit, qui est ensuite déposé au siège social pour être, pendant la quinzaine précédant la réunion de l'assemblée générale, communiqué à tout actionnaire qui en fera la demande. — La disposition de l'article 12 n'existait pas dans le projet du gouvernement; elle fut introduite par la commission, sur une proposition formulée par voie d'amendement par MM. Picard et Pouyer-Quertier. Ils demandèrent qu'on ajoutât après les mots *des inventaires*, ceux-ci : *et des rapports du conseil de surveillance et du gérant*. Leur proposition se fondait sur ce que « il n'est pas

» possible que les actionnaires connaissent parfaitement la » situation de la société en se rendant à son siège, en » examinant le bilan des inventaires. Il n'est pas possible » à ces mêmes actionnaires, si exercés qu'ils soient aux » affaires, de discuter une question, un rapport dont ils » n'auront pas pris préalablement connaissance (1) ». La commission se rangea à cet avis, mais jugea inutile de parler du rapport du gérant.

106. — Tels sont les devoirs ordinaires des membres du conseil de surveillance pendant le cours de la société. Cependant, ce ne sont pas les seuls qu'ils aient à remplir, car, dans certaines hypothèses exceptionnelles, l'article 11 leur accorde le droit de réunir des assemblées extraordinaires et leur crée par là même le devoir de le faire (2).

L'article 11, qui pose ce principe, est ainsi conçu : « Le conseil de surveillance peut convoquer l'assemblée générale et, conformément à son avis, provoquer la dissolution de la société. »

Remarquons l'expression employée par l'article 11, *le conseil* et non plus *les membres* du conseil, comme le faisait l'article 10 pour la vérification des livres, etc. Il faut en conclure que la majorité du conseil peut seule prendre l'initiative de cette mesure.

On devait nécessairement accorder ce pouvoir au conseil, afin de le mettre à même d'exercer utilement ses fonctions, en lui permettant de soumettre immédiatement à l'assemblée générale les fraudes qu'il a pu découvrir, ou les opérations désastreuses qui peuvent encore être utilement arrêtées.

107. — Le plus souvent, les statuts contiennent une stipu-

---

(1) Dall. 4e partie, sous l'art. 12 de la loi du 24 juillet 1867.

(2) Ameline, n° 99. — Bédarride, n° 243.

lation qui accorde au conseil le droit de convoquer l'assemblée, et règle, en même temps, les cas dans lesquels il devra en user. Cette clause ne suffirait pas, cependant, à décharger le conseil de l'obligation de convoquer l'assemblée générale dans le cas où des événements, non visés par les statuts et pourtant assez graves pour nécessiter cette réunion, viendraient à surgir dans le cours d'une année. On prétendrait en vain que les statuts, ayant déterminé avec soin les cas dans lesquels le conseil serait tenu de provoquer la réunion d'une assemblée, l'ont, par là même, dispensé de cette obligation dans toutes autres hypothèses. Il nous serait facile de répondre : sans doute les conventions librement consenties forment d'ordinaire la loi des parties, mais ici elles n'ont aucune valeur, car la disposition qui règle les attributions et les devoirs du conseil de surveillance, est une de ces dispositions d'ordre public, visées par l'article 6 du Code civil, et auxquelles il n'est pas permis de déroger par des conventions particulières.

108. — Ce n'est pas à dire, toutefois, que les membres du conseil doivent agir à la légère, ou que, se laissant guider par un sentiment d'hostilité personnelle contre la gérance, ils puissent, à tout propos, convoquer l'assemblée générale. Ils sont investis par la loi d'un droit redoutable, dont ils ne doivent user qu'avec circonspection, et seulement dans des circonstances exceptionnellement graves, car une convocation intempestive pourrait avoir, pour le crédit de la société, les plus fâcheux résultats. En résumé, ce droit de convocation n'a été accordé aux membres du conseil que dans l'intérêt de leurs mandants ; ils sont donc responsables envers ceux-ci de l'emploi qu'ils en feront.

109. — En tout cas, le conseil est seul juge de l'opportunité de la convocation et il ne peut être forcé par les action-

naires d'y procéder malgré lui. Ceci ressort avec la dernière évidence de la discussion de la loi de 1867. M. Picard avait, en effet, proposé un paragraphe additionnel ainsi conçu : « Sur la réquisition d'un nombre quelconque d'ac- » tionnaires, représentant au moins un cinquième du » capital, le gérant ou le conseil de surveillance doit con- » voquer une assemblée générale. — Cette réquisition » fait mention de l'objet de la convocation ; si le gérant » et le conseil de surveillance n'y obtempèrent pas, vingt » et un jours après la date du dépôt, la convocation peut » être faite directement par les actionnaires (1). »

Ce paragraphe fut repoussé sur les observations du rapporteur, qui fit remarquer que placer le gérant et le conseil sous le coup des réquisitions d'une minorité, c'était affaiblir l'autorité de l'un et de l'autre, ou tout au moins introduire des germes d'anarchie au sein de la société. — Aucune équivoque n'est donc possible.

110. — Non contente d'assurer ainsi au conseil le droit de convoquer l'assemblée, la loi va encore plus loin et lui donne celui de provoquer la dissolution de la société. Cette concession se justifie facilement par cette considération qu'il est très bien placé pour connaître la situation exacte de la société. Cependant, il était indispensable que la loi s'expliquât formellement sur ce point, car ce droit ne dérivait pas nécessairement du mandat dont il est chargé. Le conseil n'a, en effet, qu'une mission de surveillance; son rôle est purement passif; or, provoquer la dissolution, c'est agir et, par conséquent, prendre un rôle actif qui est en dehors du mandat général du conseil.

111. — S'il était utile d'accorder au conseil le pouvoir de

---

(1) *Collect. des lois.* Duvergier, Ann. 1867, p. 276.

provoquer la dissolution, il était indispensable, en même temps, de prendre certaines précautions pour qu'il ne pût pas, à tout propos, provoquer une mesure dont les conséquences peuvent devenir désastreuses. Sans doute, le plus souvent, les statuts auraient pris soin de déterminer limitativement les cas dans lesquels le conseil pourrait saisir une assemblée d'une proposition de dissolution ; mais, outre que l'on ne peut ainsi prévoir à l'avance tous les faits qui pourront rendre nécessaire une dissolution, on aurait pu soutenir que, la loi n'ayant pas limité sur ce point les pouvoirs du conseil, celui-ci avait un droit d'appréciation absolu qui ne pouvait pas avoir été restreint par des dispositions statutaires (argum. de l'art. 6, C. civil). Sous l'empire de la loi de 1856, la question s'était présentée plusieurs fois et la jurisprudence, malgré le texte de l'article 9 (1), qui semblait, en cette matière, conférer au conseil un droit absolu, avait décidé, presque constamment, que le droit du conseil se bornait *à proposer* à l'assemblée la dissolution de la société. En 1867 le législateur s'est approprié les solutions de la jurisprudence et, pour éviter toute autre interprétation, il a adopté la rédaction actuelle de l'article 11.

Aujourd'hui, cela est donc incontestable, le conseil ne peut plus provoquer la dissolution de la société *que conformément* à l'avis de l'assemblée. Le pouvoir dont il est armé à cet effet est donc doublement conditionnel, puisqu'il est subordonné à la réunion de deux conditions distinctes : 1° Événement grave de nature à justifier la convocation. 2° Assentiment donné par l'assemblée à la proposition de dissolution. La loi n'a pas déterminé quelle se-

---

(1) Voici le texte de cet article : « Le conseil de surveillance peut convoquer l'assemblée générale. *Il peut aussi* provoquer la dissolution de la société.

rait la majorité nécessaire pour exprimer valablement l'assentiment de l'assemblée ; il faudra donc s'en rapporter aux statuts, ou, dans leur silence, on devra s'en référer au principe qui régit ordinairement toute assemblée délibérante et exiger la majorité absolue.

112. — Si la décision de l'assemblée n'avait pas été prise à l'unanimité des membres présents, serait-elle opposable à tous les associés et lierait-elle la minorité ? — Un auteur (1) soutient l'affirmative et admet que la décision de l'assemblée ne peut plus être remise en question, car, dit-il, c'est à elle seule que la loi confie le soin de décider si l'action est opportune ou ne l'est pas.

Nous pensons, au contraire, que les membres de la minorité de l'assemblée ou même un seul d'entre eux, pourront néanmoins introduire l'action en dissolution (2), car l'article 1871 du Code civil donne le droit à tout associé de demander la dissolution de la société avant le terme convenu, pourvu qu'il en ait de justes motifs, et aucune disposition de la loi de 1867 ne prouve qu'on ait voulu introduire ici une exception à cette règle générale. En vain nous objecterait-on que l'article 11 de la loi nouvelle, en exigeant, pour que le Conseil puisse provoquer la dissolution, l'avis conforme de l'assemblée des actionnaires, a virtuellement abrogé, pour ce qui concerne la commandite par actions l'article 1874, et a transporté à cette assemblée le droit de demander la dissolution, droit que, aux termes du droit commun, chaque associé possédait. Ne serait-ce pas tirer une conséquence exagérée de la nécessité de l'assentiment de l'assemblée ? — Évidemment oui. On comprend fort bien que le conseil, en tant que conseil, c'est-à-dire en

(1) Rivière, n° 113.

(2) En ce sens : Bédarride, n° 241. — Vavasseur, n° 591.

tant que mandataire de la masse des actionnaires, ne puisse agir que s'il en a reçu le mandat de ses commettants ou plutôt de la société représentée par la majorité de l'assemblée; ainsi s'explique la nécessité de l'avis conforme exigé par la loi. Au contraire, comment pourrait-on justifier la déchéance que, pourtant, on veut faire subir aux associés, en les privant du droit qui leur est conféré d'une façon générale par l'article 1871. Les déchéances ne sont-elles pas de droit étroit? Ne doivent-elles pas toujours être établies par un texte formel? Or, aucune disposition de la loi sur les sociétés ne déclare que les actionnaires seront déchus de la faculté de demander à la justice, à leurs risques et périls, la dissolution de la société; c'est pour chaque actionnaire un droit qui dérive de sa qualité d'associé, et les autres, quel que soit leur nombre, ne peuvent le lui enlever. — Du reste, les conséquences auxquelles conduit le système contraire suffiraient à le faire repousser. Si on admet que l'assentiment de la majorité est la condition *sine quâ non* de toute demande en dissolution, on est amené à décider que, si le conseil de surveillance et le gérant, qui ont seuls le droit de convoquer l'assemblée, négligent de le faire ou s'y refusent, malgré les avis pressants de quelques actionnaires, ces derniers seront obligés d'attendre le bon plaisir du conseil ou du gérant. — Cependant, s'il avait été stipulé par les statuts que la minorité des actionnaires serait déchue du droit de demander la dissolution lorsque l'assemblée aurait repoussé la proposition, ces actionnaires ne pourraient plus séparément demander la dissolution, car ils ont perdu ce droit par suite de la renonciation qu'ils y ont consentie.

113. — Quand l'assemblée a admis la dissolution, si le gérant et tous les actionnaires acceptent cette décision, le vote de l'assemblée suffira pour l'opérer *de plano* et mettre

fin à la société. Mais il n'en sera plus de même si quelques actionnaires se refusent à accepter la dissolution (1).

114. — Supposons maintenant que le gérant s'oppose à cette mesure. Dans ce cas, il deviendra indispensable de s'adresser à la justice pour vider le différend, car, au moment où le gérant a été choisi, il s'est formé un contrat entre lui, d'une part, et la masse des commanditaires, d'autre part; cette dernière ne peut donc pas, à elle seule, prononcer la résolution du contrat si celle-ci n'est pas acceptée par l'autre partie contractante.

Dans cette hypothèse, la justice devra toujours être saisie, quand bien même la demande en dissolution (2) reposerait sur un fait prévu dans l'acte social. Il y aurait pourtant une différence entre cette hypothèse et celle où la demande se fonde sur un fait que les statuts ne classent pas au nombre des causes de dissolution : le juge qui, en l'absence de dispositions statutaires, devrait examiner d'abord si les faits invoqués existent, et ensuite s'ils sont assez graves pour autoriser une dissolution, devrait au contraire, si les faits invoqués ont été considérés par les statuts comme des causes de dissolution, se borner à en constater l'existence matérielle. Cette constatation, une fois faite, il ne pourrait s'abstenir de prononcer la dissolution de la société, puisque les conventions forment la loi des parties, quand elles ne sont pas contraires à l'ordre public.

Toutefois, la règle fléchirait et la dissolution serait opérée *de plano*, si les statuts avaient décidé que le gérant renonçait au droit de saisir la justice, car c'est une faculté

---

(1) Nous avons vu plus haut (n° 112) que le vote de l'assemblée ne lie pas la minorité, nous n'avons donc pas à y revenir.

(2) Bédarride, n° 237. — *Contra* Mathieu et Bourguignat, n° 97.

qui lui est accordée dans son intérêt privé et il pouvait valablement l'abandonner.

115. — Si une action en justice est rendue nécessaire pour arriver à la dissolution, ce sera le conseil de surveillance qui sera chargé de l'introduire. Il est tout désigné pour représenter à cet effet la masse des actionnaires, et l'article 11 de la loi de 1867 semble le charger de ce soin, et lui donner le rôle actif dans l'instance, en décidant qu'il *pourra provoquer* la dissolution *conformément à l'avis de l'assemblée*, ce qui implique que sa tâche n'est pas terminée lorsqu'il a consulté l'assemblée.

DEUXIÈME PARTIE

RESPONSABILITÉ PÉCUNIAIRE

DES MEMBRES

DU CONSEIL DE SURVEILLANCE

Notions générales. — Historique.

116. — Lorsque les membres du conseil de surveillance ne s'acquittent pas exactement de leurs devoirs, il peut en résulter pour eux une double responsabilité, qui les obligera à la fois envers les actionnaires et envers les tiers. Ce n'est pas tout ; afin de mieux assurer encore l'exécution de ses prescriptions, la loi a édicté contre les membres du conseil de surveillance, pour le cas où leurs fautes manifestent une entente coupable avec le gérant, des sanctions pénales, dont nous nous occuperons plus loin. Bornons-nous pour l'instant à la responsabilité pécuniaire qu'ils peuvent encourir.

117. — La responsabilité pécuniaire des membres du conseil de surveillance a été empruntée, comme l'usage même de l'institution des conseils, à la pratique commerciale. — Avant la loi du 17 juillet 1856, la responsabilité des mem-

bres du conseil était purement conventionnelle. — Lorsqu'un conseil de surveillance avait été établi (la loi ne l'exigeait pas) auprès d'une société en commandite par actions, les membres de ce conseil, véritables mandataires des actionnaires, répondaient envers eux, conformément à l'article 1992 du Code civil, non seulement de leur dol, mais encore des fautes qu'ils commettaient dans l'exercice de leur mandat. Mais, comme ce mandat était purement conventionnel, il fallait en conclure qu'il n'avait de valeur qu'entre les parties intéressées au contrat, et ne pouvait pas être invoqué par les tiers (1). De plus, les statuts sociaux pouvaient stipuler que, par dérogation aux règles ordinaires du mandat, ceux-ci n'encouraient qu'une responsabilité mitigée ; ils pouvaient même les décharger de toute responsabilité, car celle-ci, pure création d'une convention, pouvait être diminuée ou même écartée totalement par le contrat qui lui avait donné naissance.

La loi de 1856, en rendant obligatoire la nomination des conseils de surveillance, changea complètement le caractère de la responsabilité conventionnelle qui pesait sur eux auparavant, pour en faire, dans les trois cas qu'elle prévoit, une responsabilité civile (2) de la nature de celle indiquée par l'article 1384 (Code civil). Désormais il était impossible de la diminuer ou de la restreindre par convention, car elle était encourue envers tous ceux qui souffraient de la faute commise, c'est-à-dire même envers les créanciers de la société (3).

---

(1) Rataud, *Revue critique*, tome XXVI, p. 7.

(2) Cass., 25 juin 1862, D. P. 62, I, 305. Cet arrêt qualifie la responsabilité des conseils de surveillance de responsabilité civile.

(3) Un arrêt de Douai du 29 juin 1861 (J. P. 1862, p. 227) a même décidé que les clauses d'irresponsabilité stipulées en faveur des conseils dans les sociétés antérieures à la loi de 1856, ont cessé d'avoir leur effet à partir de cette loi.

118. — La loi de 1867 n'a fait qu'accentuer la responsabilité des conseils de surveillance, en proclamant formellement que les règles du droit commun, en matière de responsabilité des mandataires, sont applicables aux membres du conseil. Elle n'a pas cependant modifié la nature de cette responsabilité qui continue, comme sous l'empire de la loi de 1856, à être à la fois légale et conventionnelle.

119. — Cette responsabilité a donc un caractère assez complexe. Pour arriver à le déterminer avec exactitude, considérons-la successivement au point de vue de sa cause, c'est-à-dire du fait qui lui donne naissance, et au point de vue de son étendue. *Au point de vue de sa cause*, elle dérive d'un mandat conventionnel au regard des associés, d'un mandat légal au regard des tiers ; elle est donc conventionnelle à l'égard des premiers, légale à l'égard des seconds. *Au point de vue de son étendue*, elle est, au contraire, légale à l'égard de tous, en ce sens que les conditions et les effets en sont réglés par la loi ; certaines conventions pourront l'étendre, mais aucune ne pourrait la restreindre, car la loi en a fixé le minimum dans l'intérêt public. — Remarquons, à ce propos, une légère différence entre la législation de 1856 et celle de 1867. Sous l'empire de la loi de 1856, l'acte constitutif n'était porté à la connaissance du public que par extrait (1) ; aussi les tiers, en thèse générale, ne connaissaient-ils pas les statuts et ne pouvaient-ils pas les invoquer directement dans le cas où ils aggravaient la responsabilité légale. Aujourd'hui il n'en est plus de même, puisque l'acte constitutif entier est déposé au greffe du tribunal de commerce, et mis ainsi à la disposition du public qui peut en prendre connaissance.

120. — La loi de 1867, dans ses articles 8 et 9, admet deux

(1) La publicité était en effet réglée par l'art. 42 du Code de commerce.

causes de responsabilité parfaitement distinctes : l'une, prévue par l'article 8, vise les membres du conseil de surveillance, qui ne se sont pas assurés de l'observation des règles relatives à la constitution des sociétés en commandite par actions ; l'autre, prévue par l'article 9, atteint les membres du conseil qui, pendant le cours de la société, n'ont pas rempli tous les devoirs que la loi leur impose. Examinons successivement ces deux causes de responsabilité.

CHAPITRE I

RESPONSABILITÉ SPÉCIALE AU PREMIER CONSEIL

121. — L'article 8 porte : « Lorsque la société est annulée » aux termes de l'article précédent, les membres du premier » conseil de surveillance peuvent être déclarés respon- » bles, avec le gérant, du dommage résultant pour la » société ou pour les tiers de l'annulation de la société. » — La loi de 1856 édictait dans ce cas une sanctiou un peu différente (1); nous verrons, en examinant en détail la portée de l'article 8 actuel, quelles sont les raisons qui ont amené le législateur de 1867 à modifier ainsi la disposition analogue de l'ancienne loi.

122. — L'article 8 accorde l'action en responsabilité à la société et aux tiers. On est ainsi amené à rechercher la signification exacte qu'il faut donner à ces deux expressions : société et tiers. Le législateur a évidemment voulu désigner par ces mots, toutes les personnes qui souffrent un préjudice par suite de l'inobservation des formalités initiales. Ce sont :

1° La société, si, le capital social se trouvant entamé, le capital-actions ne peut plus être intégralement remboursé ;

2° Les actionnaires eux-mêmes, s'ils éprouvent un pré-

(1) L'article 7 de cette loi était ainsi conçu : « Lorsque la société est annulée, aux termes de l'article précédent, les membres *du conseil* de surveillance peuvent être déclarés responsables, *solidairement et par corps avec le gérant, de toutes les opérations faites postérieurement à leur nomination* ».

judice spécial et distinct de celui de la société, comme il arrivera, par exemple, s'ils ont acheté leurs actions au-dessus du cours nominal d'émission. Leurs créanciers personnels auront le même droit (1);

8° Les créanciers sociaux, s'ils ne peuvent être complètement désintéressés. Mais, quant à eux, nous devons faire une observation ; comme toutes autres personnes, ils n'ont l'action en responsabilité que lorsqu'ils y ont intérêt, c'est-à-dire quand ils ont subi un préjudice. Or, tant que la société est *in bonis*, leur préjudice est incertain ; leur action ne doit donc pas être accueillie. La situation change lorsque la société tombe en déconfiture ou est déclarée en faillite ; car, il est dès lors évident que l'actif ne pourra suffire à désintéresser entièrement les créanciers, et ceux-ci ont d'ores et déjà intérêt à agir.

123. — La responsabilité de l'article 8 avait paru trop rigoureuse à certains membres du Corps législatif, et M. Marie fit observer que le conseil n'avait pas participé aux faits dont on le rendait responsable, puisqu'ils étaient antérieurs à sa nomination. Le rapporteur répondit victorieusement à cette observation en disant : « Il ne participe pas aux faits, mais » il doit, par la loi de sa mission, examiner, au moment » où il entre en fonctions, et avant que la société soit con- » stituée, si toutes les conditions constitutives de son exis- » tence et que la loi a prescrites ont été ou non remplies... » Ce devoir, il faut bien qu'il soit rempli ; il a besoin d'une » sanction, et cette sanction, c'est la responsabilité du con- » seil de surveillance. Lorsque ce conseil aura rempli ce » devoir, il aura dégagé sa responsabilité ; s'il ne l'a pas » rempli, sa responsabilité sera engagée ».

(1) La Cour de cassation a décidé qu'ils étaient compris au nombre des intéressés, au regard desquels la nullité de la société a été établie. Cass., 11 mai 1870, D. P. 70, 1, 405.

124. — On s'est demandé si cette responsabilité spéciale au premier conseil de surveillance ne dérivait que de l'article 8 ou si, au contraire, elle existerait même dans le silence de la loi. — Selon M. Vavasseur (1), elle résulterait déjà des principes généraux, et le droit commun, tel qu'il est consacré par les articles 1383, 1850 et 1992 du Code civil, suffirait amplement à l'établir. — La question ne nous semble pas discutable en présence du texte de l'article 6, qui charge le premier conseil de vérifier si toutes les dispositions contenues dans les articles 1, 2, 3, 4, 5 ont été observées. Les membres du conseil sont chargés par cet article, non seulement dans l'intérêt des actionnaires, mais par mesure d'ordre public, de veiller à l'accomplissement des conditions prescrites pour la constitution de la société; s'ils négligent de le faire, ils violent le double mandat légal et conventionnel dont ils sont investis. Au contraire, sous l'empire de la loi de 1856, comme il n'existait aucune disposition analogue à celle de l'article 6 actuel, les membres du conseil n'avaient pas le mandat légal de vérifier la régularité de la constitution de la société; aussi la disposition de l'article 7 de cette loi était-elle indispensable dans le silence des statuts, pour poser le principe de la responsabilité. L'article 7 faisait de cette vérification un devoir dont il instituait en même temps la sanction. Sous l'empire de la loi de 1867, l'article 8 semble, par contre, une disposition superflue, puisque la combinaison de l'article 6 avec l'article 9, alinéa 2, aurait suffi à faire prononcer cette responsabilité.

125. — Est-ce à dire que l'article 8 n'ait aucune utilité et qu'il soit dénué de tout effet? Nous ne le pensons pas, et, à notre avis, il modifie la nature de la sanction qui dérive-

(1) Vavasseur, n° 667.

rait du droit commun, en transformant la responsabilité personnelle de chaque membre du conseil en une responsabilité collective. On ne saurait sérieusement contester ce point, en présence des expressions si explicites des articles 6 et 8 : *le premier conseil, les membres* du premier conseil, etc., rapprochées de l'article 9, alinéa 2, qui, pour les autres hypothèses, manifeste une intention contraire en disant : *chaque membre du conseil*, etc. — De ce que la responsabilité est collective, dans le cas d'inobservation des formalités initiales, nous tirons comme conséquence la solidarité des membres du conseil pour la réparation du dommage causé par les vices de la société.

En effet, la vérification ordonnée par l'article 6, constitue, pour les membres du conseil, une attribution collective qui ne peut pas se diviser entre eux ; dans le cas où elle a été insuffisante, ils ont *tous* manqué à leur devoir. *Tous* sont donc tenus de *tout* le dommage, ce qui revient à dire qu'il y a solidarité entre eux ; car, précisément, l'obligation où plusieurs personnes sont obligées à une même chose pour le tout, est une obligation solidaire (1). Il en résulte que, dans ce cas, les tribunaux ne pourront prononcer qu'une condamnation solidaire contre les membres du conseil reconnus responsables, parce que le fait qui produit l'obligation de réparer le préjudice sera toujours, dans notre hypothèse, un fait indivisible. Chacun est ainsi responsable, non seulement de sa faute, mais, en même temps, de celle des autres, à la différence de ce qui a lieu pour les autres cas de responsabilité, dans

---

(1) Art. 1200. « Il y a solidarité de la part des débiteurs, lorsqu'ils sont obligés à une même chose, de manière que chacun puisse être contraint pour la totalité, et que le paiement fait par un seul libère les autres envers le créancier. »

lesquels la solidarité ne peut être encourue que tout à fait exceptionnellement.

126. — On pourrait être tenté de trouver bien rigoureuse une responsabilité qui frappe ainsi une personne à raison de la faute d'une autre ; mais il ne faut pas s'exagérer les conséquences de cette solidarité. Rien n'empêche, en effet, les membres du premier conseil de n'accepter que conditionnellement les fonctions qui leur sont offertes, de retarder pour leur décision définitive jusqu'au moment où ils auront examiné avec soin si les conditions exigées pour la constitution sont toutes remplies. Lors même qu'ils n'ont pas pris cette précaution, leur responsabilité sera nulle s'ils s'acquittent immédiatement, et avant toute opération sociale, de la vérification qu'ils doivent faire ; c'est seulement quand ils ont négligé d'y procéder, qu'ils sont compromis ; mais alors ils sont en faute, et cela justifie leur responsabilité. Cependant, il ne faut pas se le dissimuler, une espèce assez embarrassante pourrait se présenter : supposons que la minorité du conseil ayant des doutes sur la validité de la société, veuille soumettre la question à une assemblée extraordinaire, et que la majorité ne consente pas à cette convocation ; sera-t-il juste, dans ce cas, de prononcer la solidarité contre les membres qui ont été empêchés de s'acquitter de leur devoir ? Evidemment non. — Cette objection peut facilement être réfutée ; nous nous bornerons à répondre : pour être responsable solidairement, il faut, d'abord, *être responsable ;* or, dans l'espèce, la communauté de faute fait défaut ; les juges qui, d'après l'article 8, peuvent *facultativement* reconnaître une responsabilité, se refuseront à prononcer contre les membres dissidents toute responsabilité, et, *à fortiori*, une responsabilité solidaire. La question de solidarité ne se posera même pas.

127. — La responsabilité prévue par l'article 8, à la différence de ce qui avait lieu sous l'empire de la loi de 1856, ne pèse plus que sur le premier conseil de surveillance. On a compris que « faire indéfiniment de la nullité une cause » de responsabilité pour tous les membres des conseils de » surveillance à venir, c'était obliger les membres successifs de tous les conseils, pendant toute la durée de la » société, quelque longue quelle fût, à un examen rétrospectif qui serait toujours difficile ; quelquefois même » impossible (1). »

Néanmoins, les membres des autres conseils de surveillance pourraient être déclarés responsables du dommage causé par l'annulation, s'il était démontré qu'ils ont eu connaissance de la cause de nullité et ont négligé d'en avertir les actionnaires. Dans cette hypothèse, les motifs invoqués par le législateur pour les décharger de la responsabilité n'existent plus, et *cessante causa cessant effectus*. Cependant, on ne devrait pas leur appliquer la responsabilité solidaire de l'article 8, car les membres des conseils autres que le premier, n'ont pas la mission *collective* de veiller à la légalité de la société ; la connaissance individuelle qu'ils ont acquise d'une cause de nullité ne peut donc que les rendre responsables de leur faute conformément au droit commun.

128.— L'action en responsabilité fondée sur l'article 8 ne peut être valablement reçue qu'après l'annulation judiciairement prononcée, nous le verrons plus loin ; et même alors les tribunaux ne sont pas obligés de prononcer la responsabilité des membres du conseil, puisque l'article 8 leur laisse sur ce point plein pouvoir d'appréciation (2). Cepen-

---

(1) Exposé des motifs de la loi de 1867.

(2) Jugé en ce sens : Il appartient aux juges du fait de décider, par une appréciation souveraine des circonstances de la cause, si les membres du

dant, sous l'empire de la loi de 1856, un auteur (1) a soutenu que la responsabilité n'était pas facultative; que ce qui était facultatif, c'était la poursuite; mais qu'une fois l'annulation prononcée, la poursuite contre le conseil devait nécessairement aboutir à une condamnation. Dans ce système, les tribunaux seraient liés par l'annulation de la société et n'auraient plus alors qu'à apprécier le chiffre du dommage causé. — Cette opinion ne pouvait pas supporter un examen attentif en présence de l'article 7 de la loi de 1856, et elle doit encore être rejetée aujourd'hui, car elle est inconciliable avec le texte et l'esprit de l'article 8 de la loi nouvelle. L'intention du législateur de donner aux juges un pouvoir dont ils seront libres d'user, ressort déjà clairement des expressions employées par l'article : «les membres du conseil *peuvent* être, etc. »; mais aucun doute ne peut plus subsister si l'on en rapproche les termes suivants de l'exposé des motifs : « les tribunaux » sont investis d'un *pouvoir discrétionnaire* pour propor- » tionner la réparation à la gravité de la faute et à l'im- » portance du préjudice. »

129. — Recherchons maintenant quelle est l'étendue de la responsabilité des membres du conseil de surveillance en cas d'annulation de la société, et déterminons en même temps quelles sont les personnes qui peuvent l'invoquer.

L'article 7 de la loi de 1856 rendait le premier conseil responsable de toutes les opérations. Il n'y avait pas de moyen terme entre l'irresponsabilité absolue et la responsabilité de toutes les opérations. La plupart des auteurs en

---

Conseil de surveillance doivent être déclarés responsables de la nullité de la société résultant du défaut de souscription intégrale du capital. Ch. requêtes 8 mars 1876, D. P. 77, I, 168. — Vavasseur, n° 671. — Bravard, p. 44. — Bédarride, n° 177. — Rivière, n° 80.

(2) Romiguière, *Commentaire de la loi de 1856*, nos 103 et 104.

déduisaient comme conséquence l'obligation pour les membres du conseil d'indemniser les actionnaires et les tiers de *toutes les pertes* survenues par l'effet des opérations. La jurisprudence reculant devant les conséquences d'une telle doctrine et se trouvant dans l'impossibilité de proportionner la réparation au dommage, préférait repousser la responsabilité purement et simplement. La Cour de Paris a été visiblement inspirée par ces préoccupations, quand elle a rendu l'arrêt suivant (1) : « Considérant que, dans l'es-« pèce, l'insuffisance des souscripteurs et le non-versement » du quart des actions souscrites n'ont été pour rien dans » la ruine du comptoir S... ; que cette entreprise n'a point » failli, par suite d'insuffisance de ressources, ni pour » toute autre cause ayant trait à la composition de son ca- » pital ; qu'elle a péri par suite des dilapidations de ses » agents, dilapidations qui eussent été plus considérables » si les apports de fonds eussent été plus élevés, sans » que la situation des actionnaires et de la faillite s'en » trouvât meilleure ; qu'ainsi, dans de telles circonstances, » en rendant le conseil de surveillance responsable des » pertes de la compagnie, par application de l'article 7 de » la loi du 17 juillet 1856, on arriverait à une peine *qui* » *n'aurait aucune relation avec le fait reproché.* » — Cette doctrine est inacceptable ; car les dilapidations que la Cour regarde comme les causes premières de la ruine de la société n'en étaient que les causes secondaires. La cause première, celle qui avait permis aux agents de dissiper le capital, n'était-elle pas, précisément, la négligence du conseil dont les membres n'auraient pas dû laisser entamer les opérations sociales avant de s'être assurés de la régularité de la constitution ? Le dommage éprouvé n'est-il

(1) Paris, 16 janvier 1863. Rejet, 23 août 1864, D. P. 64, I, 367.

pas une conséquence de la faute du premier conseil ? N'est-il pas juste, dès lors, qu'il soit tenu de réparer le préjudice, au moins dans la mesure où il l'a causé. — Telle aurait dû être la solution juridique; mais, cependant, quand on considère les résultats auxquels devait infailliblement conduire la déclaration de responsabilité, on s'explique que, placé dans la nécessité de déclarer les membres du conseil responsables non seulement de leurs fautes, mais même des dilapidations des agents de la société, ou de les renvoyer indemnes des fins de la poursuite, la Cour de Paris ait préféré ce dernier parti. — Le législateur de 1867 comprit qu'il fallait modifier une disposition qui produisait de telles conséquences, et le texte auquel il s'est arrêté déclare les membres du conseil responsables, non plus de toutes les opérations faites postérieurement à leur nomination, mais seulement du dommage résultant pour la société et pour les tiers de la nullité de la société.

130.— Pour arriver à déterminer le montant de l'indemnité due par les membres du conseil, les tribunaux auront donc, après avoir constaté le déficit résultant de la gestion, à en rechercher les causes. Leur décision se fondera sur le préjudice qui provient du vice de constitution.

131. — M. Rivière (1) semble dire que les tribunaux devront seulement considérer le préjudice résultant de l'*annulation*, et il cite, à titre d'exemples, quelques hypothèses qui toutes, en effet, se réfèrent à un préjudice qui est le résultat direct de l'*annulation prononcée*. — Faut-il nécessairement que le préjudice revête ce caractère pour que le conseil de surveillance puisse en être rendu responsable? Nous ne le pensons pas, car l'article 8 ne fait pas de distinction entre le dommage direct et le dommage in-

(1) *Commentaire de la loi de 1867*, n° 85.

direct ; il emploie un terme compréhensif, *le dommage*, ce qui désigne tout préjudice. En vain chercherait-on, à tirer argument du mot annulation pour soutenir que la loi entend désigner par là non pas la nullité en elle-même, mais le jugement d'annulation ; qu'ainsi le conseil ne peut être déclaré responsable que du dommage causé directement par la décision annulant la société. Il serait facile de répondre que si, dans les articles 7 et 8 le législateur s'est servi des deux termes nullité et annulation, c'est uniquement pour éviter une répétition ; mais que, pourtant, il a voulu désigner une seule et même chose.

D'ailleurs, tout le monde le sait, les tribunaux ne créent pas des droits ; ils se bornent à déclarer des droits préexistants. Ici ils ne créent pas la nullité, ils la prononcent. Il en résulte que la responsabilité des membres du conseil a son principe, non pas dans la décision qui prononce l'annulation, mais bien dans les faits antérieurs qui ont vicié la société dans son existence. Si le législateur de 1867 avait voulu admettre ici une dérogation au droit commun, il aurait exprimé formellement son intention ; mais, loin de là, la preuve du contraire résulte du texte même de l'article qui, proclamant la rétroactivité de l'annulation par ces mots : *est nulle et de nul effet*, montre de la façon la plus claire que le principe de la nullité existe en dehors du jugement d'annulation, puisqu'il est impossible de justifier un effet préexistant à sa cause.

Il suffira donc que les irrégularités initiales aient causé un préjudice quelconque aux associés ou aux tiers, pour que ceux-ci puissent en obtenir réparation, sans qu'on ait, pour établir le principe de la responsabilité, à distinguer entre le préjudice résultant directement ou indirectement de l'annulation. — Citons, afin de mieux faire comprendre notre pensée, quelques espèces dans lesquelles nous estimons que la responsabilité des membres du conseil sera engagée. Une société est annulée lorsque toutes les dépenses sont faites et au moment où elle allait commencer à produire des bénéfices. Ou bien, la nullité de la société étant prononcée à la requête des créanciers personnels de l'un des associés, il en résulte un préjudice pour les créanciers sociaux ; car cette annulation va permettre aux créanciers personnels de l'associé de venir en concours avec eux sur la part de celui-ci. — Dans les deux espèces précédentes, la responsabilité des membres du conseil semble dériver du préjudice causé directement par le jugement d'annulation ; elle reposera, au contraire, sur un préjudice procédant plus visiblement du vice initial dans les cas suivants : L'irrégularité initiale, en privant la société des capitaux nécessaires à son fonctionnement, a entraîné la faillite de la société ; ou un dommage résulte du vice de l'organisation de la société (conseil incomplet etc.); ou encore la dissolution ayant été volontairement consentie par une assemblée, à raison de l'irrégularité, les actionnaires demandent à la fois la nullité et la responsabilité du conseil. — Dans ces divers cas la responsabilité sera encourue comme dans les premiers, bien qu'elle ne résulte que d'une façon plus indirecte de l'annulation de la société. Les créanciers pourront demander aux membres du conseil la réparation totale du préjudice que leur cause le vice de constitution. Qnant aux actionnaires, ils pourront réclamer le montant intégral de leurs versements (1). Ne

(1) Dalloz, n° 1243. — La Cour de cassation a décidé, dans le même sens, que l'indemnité due à chaque actionnaire par les fondateurs gérants et les associés qui n'ont pas régulièrement versé le montant de leur souscription, peut être fixée à la somme qu'il a déboursée pour l'acquisition de ses actions avec les intérêts du jour de la demande, contre la remise de ses titres (Cass., 14 août 1872, D. P., 72, I. 396. La même solution peut s'appliquer à la responsabilité du Conseil, qui est soumis sur ce point aux mêmes règles que le gérant (art. 8).

seront-ils pas fondés à dire : le conseil a eu le tort de laisser commencer les opérations sociales avant de s'assurer de la légalité de la constitution. Il a commis une faute ; il doit donc réparer le préjudice qui en est la suite. Or, dans l'espèce, quelle est l'importance du dommage que nous souffrons? Il est égal au montant de nos mises, puisque la société n'était que notre dépositaire et ne pouvait, jusqu'au jour de sa constitution régulière, exposer les capitaux que nous lui avions confiés. — Mais ils ne pourraient pas prétendre se faire indemniser des bénéfices que la nullité de la société a empêché de réaliser. Dans cette matière, on ne doit tenir compte que du *damnum emergens* sans s'inquiéter du *lucrum cessans*, parce qu'ici cet élément est soumis à un aléa trop considérable pour pouvoir servir de base à une réparation.

132. — Dans les exemples que nous venons de citer, le dommage résultait à peu près uniquement du vice de la constitution ; dans la pratique, le plus souvent, le problème n'est pas aussi simple, car les pertes subies par la société sont le résultat de causes diverses intimement liées entre elles. Il faudra alors, pour fixer la réparation, déterminer avec soin quelle part du dommage est imputable au conseil. Les tribunaux décideront souverainement cette question de fait ; leur appréciation ne tombera pas sous la censure de la Cour de cassation.

133. — Toute latitude est laissée aussi aux tribunaux pour fixer le quantum de la réparation. Ils ont, comme le faisait remarquer le rapporteur de la loi de 1867 (1), un pouvoir discrétionnaire pour proportionner la réparation à la gravité de la faute et à l'importance du préjudice.

En permettant de modérer ainsi les effets de la respon-

---

(1) Rapport de M. Mathieu.

sabilité, la loi a rendu plus efficace la sanction des obligations du premier conseil, car les tribunaux hésitent moins que sous la loi de 1856 à admettre la responsabilité. Ce résultat a été encore facilité par la suppression de la solidarité qui liait, sous l'empire de la loi de 1856, les membres du conseil au gérant. La loi nouvelle n'a pas reproduit cette solidarité ; elle s'est refusée, selon les paroles du rapporteur, à punir la négligence comme la fraude, et à appliquer la solidarité à deux fautes, celle du gérant et celle du conseil qui, par l'intention et par le fait pouvaient être indépendantes l'une de l'autre.

134. — Quand les membres du conseil de surveillance ont été condamnés à payer des dommages-intérêts par application de l'article 8 de la loi de 1867, ils peuvent exercer un recours contre le gérant, pour l'obliger à les indemniser des condamnations prononcées contre eux. Le gérant est l'auteur principal de la cause de nullité ; les membres du conseil ont, par rapport à lui, un rôle analogue à celui de cautions ; il est donc juste de leur accorder un recours contre celui dont la faute a converti leur tolérance en une négligence dommageable, qu'ils sont tenus de réparer.

CHAPITRE II

RESPONSABILITÉ DES MEMBRES DU CONSEIL DE SURVEILLANCE

POUR LES FAUTES COMMISES PENDANT LE COURS DE LA SOCIÉTÉ

135.— L'article 9 qui en pose le principe est ainsi conçu : « Les membres du conseil de surveillance n'encourent au- » cune responsabilité en raison des actes de la gestion et de » leurs résultats. — Chaque membre du conseil de sur- » veillance est responsable de ses fautes personnelles dans » l'exécution de son mandat, conformément au droit » commun. »

La première partie de cet article est mal rédigée ; à la prendre à la lettre, on pourrait croire que les membres du conseil ne seront jamais responsables des fautes du gérant, en d'autres termes, qu'ils jouissent d'une immunité complète, puisque, leur rôle étant passif, *s'ils ne répondent en aucun cas* des faits du gérant, on peut se demander de quels faits ils pourront répondre envers la société. Mais donner une telle portée à notre disposition, ce serait évidemment aller contre la volonté du législateur, et lui prêter l'intention de se contredire dans les deux alinéas de l'article 9. Il faut donc attribuer un sens plus restreint à ce paragraphe, et pour cela le meilleur moyen consiste à rechercher quel a été le but du législateur. Celui-ci a voulu rappeler ici la règle de la séparation des pouvoirs introduite dans la société en commandite par les articles 27 et

28 du Code de commerce. Les membres du conseil ne dépouillent pas leur qualité de commanditaires en entrant dans le conseil ; ils n'acquièrent aucune autorité sur le gérant, aussi est-il juste de ne leur faire encourir aucune responsabilité pour des actes qu'ils n'ont pu empêcher, et de ne pas leur faire supporter les conséquences d'une faute ou d'un délit qui ne leur est pas imputable.

Mais quand, pouvant empêcher les actes dommageables du gérant, ils ont négligé de le faire, quand, manquant à leurs devoirs, ils ont approuvé sans contrôle les actes du gérant, la situation change de face et, dans ce cas, ils peuvent être rendus responsables. La base de leur responsabilité se trouve alors moins dans l'acte même du gérant, que dans leur propre négligence.

136. — Ainsi les membres du conseil doivent rester étrangers aux actes de la gestion et, par contre, ils n'ont pas à en redouter les conséquences ; tel est le sens du premier alinéa de l'article 9. Le second paragraphe du même article règle, au contraire, la responsabilité qu'ils peuvent encourir, lorsqu'ils n'accomplissent pas leurs devoirs de *contrôle et de surveillance.*

137. — Cette dernière disposition peut paraître inutile au premier abord, puisqu'elle ne fait que rappeler les règles de droit commun. Pour bien en comprendre le sens et la portée, il faut consulter les précédents historiques. Cependant, comme nous avons déjà indiqué, dans notre introduction, le sens général de la modification apportée en cette matière par la loi de 1867, nous nous bornerons à rappeler que, aux termes de l'article 10 de la loi de 1856, tout membre d'un conseil de surveillance était responsable avec les gérants solidairement et par corps : 1° lorsque *sciemment,* il avait laissé commettre dans les inventaires des inexactitudes graves, préjudiciables à la société ou aux

tiers ; — 2° lorsqu'il avait, *en connaissance de cause*, consenti à la distribution de dividendes non justifiés par des inventaires sincères et réguliers. — La jurisprudence en avait conclu, à maintes reprises, que les membres du conseil de surveillance échappaient à toute responsabilité, si l'on ne pouvait établir qu'ils *avaient eu connaissance* des inexactitudes, etc. Les membres du conseil ne manquaient jamais, quand ils étaient poursuivis, d'invoquer les paroles du rapporteur de la loi de 1856 qui avait dit, pour expliquer la portée de l'article 10 : « Remarquez que la loi ne » punit pas la simple ignorance, la simple négligence ; » c'est la science, c'est la mauvaise intention, c'est le » dol. .(1) » Cependant la jurisprudence était divisée sur ce point, et comprenant que déclarer le conseil irresponsable quelles que soient les fautes qu'il avait commises, pourvu qu'il ait tout ignoré, c'était détruire toutes les garanties que pouvait offrir l'institution des conseils de surveillance, la Cour de cassation semblait peu disposée à accepter la théorie de l'irresponsablité complète des membres du conseil dès qu'ils pouvaient justifier qu'ils n'avaient rien su. Il fallait cependant tenir compte des mots *sciemment* et *en connaissance de cause*, employés par le législateur dans l'article 10 ; aussi la Cour suprême finit-elle par adopter un système qui conciliait à la fois les exigences du texte avec celles de l'équité. Elle décida, qu'en dehors des cas de responsabilité spécialement prévus par l'article 10 et dans lesquels la preuve de la *connaissance* était indispensable pour légitimer une condamnation, il y avait lieu d'appliquer la responsabilité de droit commun (2).

---

(1) Duvergier, *Coll. des lois*, an. 1856, p. 327.

(2) Attendu que le droit commun continue d'être la règle de tous les faits constituant l'incurie, la négligence et la faute, auxquels ne s'applique pas la responsabilité spéciale créée par la loi du 17 juillet 1856. Cette loi n'a pas eu

Pour mettre fin à ces difficultés, la loi de 1867 jugea utile de rappeler que la responsabilité des membres du conseil est soumise aux règles de droit commun. Ceci ne fut pas admis sans difficulté. L'article 7 du projet présenté par le Gouvernement, après avoir posé les deux règles qui constituent l'article 9 actuel, se terminait par la reproduction textuelle de l'article 10 de la loi de 1856. La commission proposa de retrancher des derniers paragraphes du projet les mots *sciemment* et *en connaissance de cause,* non pas pour aggraver, par cette modification, la responsabilité des membres du conseil, mais pour la rendre plus efficace en dispensant les actionnaires d'une preuve souvent difficile à fournir. La science et la connaissance des inexactitudes, etc., n'étaient plus à prouver ; il suffisait de démontrer que les membres du conseil avaient commis une faute inexcusable. En d'autres termes, ils étaient assujettis, même dans les deux cas spécialement prévus par l'article 7, à l'application des règles du droit commun en matière de mandat. — Le Conseil d'État rejeta le double amendement de la commission, sous le prétexte que le retranchement des mots sciemment et en connaissance de cause aggravait la responsabilité du conseil. La commission insista, mais comprenant que dès qu'il s'agissait de solidarité avec le gérant, c'est-à-dire d'une sorte de complicité civile, les mots dont elle réclamait la suppression pouvaient se justifier, elle proposa une transaction qui fut acceptée par le Conseil d'État. On convint « d'effacer la solidarité, de sup- » primer les trois paragraphes qui s'y rattachent et de » laisser les membres du conseil de surveillance sous » l'empire du principe posé par le projet lui-même :

la pensée de se substituer au droit commun pour effacer ou affaiblir, dans les cas auxquels elle ne pourvoit pas expressément, la responsabilité imposée antérieurement. » Cass. 12 avril 1864, D. P. 64, 1, 377.

» « Chaque membre du conseil de surveillance n'est res-
» ponsable que de ses fautes personnelles, dans l'exécution
» de son mandat, conformément aux règles du droit com-
» mun. » Les actionnaires et les tiers y perdront la solida-
» rité, mais ils y gagneront une garantie réelle (1). »

138. — Ces déclarations permettent de déterminer le sens précis de la modification qui fut adoptée. Il en résulte que les actionnaires et les tiers ne seront pas dispensés de la preuve; seulement, au lieu d'être astreints à une preuve souvent impossible, il leur suffira de démontrer que les membres du conseil ont commis une faute dont ils ont souffert un préjudice.

139. — Est-ce à dire que toute faute dommageable commise par les membres du conseil entraîne leur responsabilité. — Pour répondre à cette question, il faut la subdiviser et examiner à part la responsabilité des membres du conseil envers les actionnaires et envers les tiers.

140. — *Envers les actionnaires.* — Les membres du conseil sont les mandataires des actionnaires; ils sont soumis envers eux à toutes les règles qui déterminent les obligations des mandataires envers leurs mandants. Pour apprécier s leur responsabilité est engagée, on devra donc considérer le caractère de leur mandat et faire une distinction suivant qu'ils touchent ou non un traitement. Dans le premier cas, ils répondent, conformément aux règles du mandat, même de leur faute légère, tandis que, si leur mandat est gratuit, ils ne répondront que de leurs fautes lourdes (2). — Dans la pratique, les membres du conseil ne perçoivent d'ordinaire aucun traitement, mais ils reçoivent des jetons de

---

(1) Rapport de M. Mathieu, Dall. 1867, IV, p. 105.

(2) En ce sens : Bédarride, n° 203. — Caen, 16 août 1864, D. P. 65, II, 192. — Douai, 27 juillet 1861, J. P. 1862, p. 227.

présence pour les récompenser de leur assiduité. Ces jetons suffisent-ils à altérer le caractère de leur mandat, à le transformer en mandat salarié et par suite à augmenter le champ d'application de leur responsabilité ? — Cette question ne peut être résolue que par une distinction : *a*). Si les jetons ont assez de valeur pour être considérés comme un véritable traitement, alors, sans hésiter, il faut assujettir les membres du conseil à la responsabilité des mandataires salariés. *b*) Si leur valeur est insignifiante, on devra, au contraire, assimiler les membres du conseil à des mandataires gratuits et, par suite, ne leur demander compte que des fautes lourdes.

141. — *Envers les créanciers.* — A l'égard des tiers créanciers, la situation diffère ; les membres du conseil ne sont liés par aucun contrat envers eux. Un auteur (1) en a conclu que les membres du conseil n'encouraient aucune responsabilité à l'égard des tiers, excepté dans les cas spécialement prévus par l'article 8. En dehors des termes de cette disposition, leur responsabilité, dit-il, ne pourrait être fondée que sur les articles 1382 et 1383 (C. civ.), puisqu'ils ne sont liés aux tiers par aucun contrat. Mais, ces articles ne punissent que les faits ou les omissions qui sont défendus au point de vue de la morale universelle, que l'on pourrait imputer à tout homme, et précisément les faits ou les omissions qu'on reproche aux membres du conseil ne seraient pas des fautes *erga omnes ;* car si on les incrimine ce n'est qu'en raison des fonctions acceptées par leurs auteurs. — Cette opinion nous semble inacceptable. Sans doute, dirons-nous, les articles 1382 et 1383 ne visent généralement que les faits délictueux *erga omnes ;* mais ici les règles de la morale universelle, auxquelles se réfèrent les deux articles,

(1) Beslay, nos 659-660.

sont étendues et aggravées à l'égard des membres du conseil, par le fait même de l'acceptation de leurs fonctions. Celui qui accepte une mission doit, en effet, même d'après les principes de la morale universelle, s'en acquitter avec soin dans l'intérêt de tous ceux qu'elle a pour but de protéger, c'est-à-dire, ici, dans l'intérêt des associés et des tiers. Il est, du reste, certain que le conseil de surveillance a des devoirs envers les tiers, sans quoi il serait impossible de justifier la disposition de l'article 7 qui permet aux tiers d'invoquer la nullité de la société, si un conseil de surveillance n'est pas établi près d'elle. Ceci suffit amplement pour justifier leur responsabilité. D'ailleurs, la loi de 1867 contiendrait d'étranges anomalies, si, après avoir expressément prononcé leur responsabilité envers les tiers, lorsqu'ils ont négligé de vérifier la régularité de la constitution (art. 8), elle les dispensait dans son article 9 de toute responsabilité à leur égard, pour défaut de contrôle pendant la durée de la société. En résumé, les membres du conseil de surveillance sont responsables, aux termes de l'article 9, de l'exécution de leur mandat ; or, ils ont un double mandat, conventionnel à l'égard des associés, légal à l'égard des tiers ; il est donc logique de décider que l'inexécution de leurs devoirs engendre pour eux une double responsabilité (1).

142. — Il n'y a pas lieu, tout au moins, pour admettre le principe de leur responsabilité (2) envers les tiers, de rechercher si la faute commise est lourde ou légère. Il suffira que les faits articulés par les tiers créanciers soient de nature à faire ressortir à la charge des membres du conseil une imprudence ou une négligence, pour que les

(1) En ce sens : Alauzet, n°s 476 et s. — Boistel, n° 289.

(2) Nous verrons qu'il n'en est plus de même, quand il s'agit de déterminer l'étendue des dommages à accorder.

premiers puissent se prévaloir des articles 1382 et s., et soient admis à invoquer la responsabilité des seconds. D'où il résulte que, dans le cas où le mandat des membres du conseil est gratuit, leur responsabilité sera plus difficile à établir au regard des actionnaires qu'envers les tiers. — Ce résultat peut paraître assez bizarre au premier abord, car les membres du conseil sont les mandataires des actionnaires ; ils devraient être engagés envers eux d'une façon tout aussi stricte qu'envers les tiers. On s'explique cependant cette anomalie apparente, si on se rappelle que les actionnaires ont participé à la nomination de ces surveillants qui, au contraire, ont été imposés aux tiers.

143. — L'article 9, à la différence de l'article 8, qui vise la responsabilité encourue au cas de nullité initiale, établit le principe d'une responsabilité individuelle pour chaque membre du conseil. Il faut en conclure qu'aujourd'hui, en thèse générale, on ne pourrait plus réclamer la solidarité en dehors du cas spécial prévu par l'article 8. La responsabilité des membres du conseil, pour les fautes commises au cours de la société, n'existe donc plus aujourd'hui ; elle est essentiellement personnelle et divisible (1).

Il faudra donc, quand il s'agira de déterminer la responsabilité de tel ou tel membre du conseil, dresser avec soin le bilan individuel de sa responsabilité. Pour cela il faudra de toute nécessité rechercher le temps pendant lequel chacun a fait partie du conseil, l'importance des pertes subies par la société pendant cette période, et enfin l'étendue de la faute de chacun (2).

---

(1) Plusieurs arrêts ont proclamé cette doctrine, notamment celui de la Cour de Nancy en date du 4 Juin 1877, *Recueil* de Nancy, ann. 1877, p. 129, n° 40.

(2) La Cour de Bourges a décidé que la responsabilité se divise entre tous les membres du Conseil proportionnellement à la part de chacun d'eux dans la faute commune. — Bourges, 6 mars 1869, S. 71, II, 225.

144. — Les tribunaux pourront cependant, conformément au droit commun, prononcer la solidarité chaque fois qu'il s'agira d'un quasi-délit indivisible auquel tous les membres du conseil ont participé. L'impossibilité où l'on est de déterminer la part de chacun dans la faute commune suffit à justifier cette solution (1). Car chacune des personnes qui ont participé au fait dommageable, a causé le préjudice pour le tout, et le nombre des auteurs ne peut diminuer la responsabilité de chacun d'eux.

Remarquons qu'il ne s'agit ici que d'une solidarité imparfaite, puisque la solidarité ne se présume pas (1206); il n'est pas possible d'attribuer à l'obligation les caractères que la solidarité parfaite tient de la convention de société dont elle est ordinairement le résultat. L'intérêt pratique de cette observation consiste à constater que les articles 1205, 1206 et 1207, qui reposent sur l'espèce de société des débiteurs solidaires, seront inapplicables à la solidarité prononcée ainsi contre les membres du conseil de surveillance.

Les mêmes solutions devront nécessairement être appliquées dans le cas où la responsabilité résulte d'un *ensemble indivisible* de fautes (2), puisqu'il sera tout aussi impossible de séparer les conséquences de la faute de chacun.

146.— Sur tous ces points, les tribunaux ont plein pouvoir d'appréciation ; c'est à eux de décider si les faits reprochés aux membres du conseil constituent une faute, si cette faute est suffisante pour engager leur responsabilité. Il

---

(1) Cass., 14 Août 1867, S. V. 1867, I, 401, Cet arrêt décide le principe d'une façon générale. — Lyon, 24 Juin 1871, D. P. 71, II, 188. Ce dernier arrêt applique cette doctrine aux membres du Conseil.

(2) Lyon, 3 juin 1864, S. V., II. 38. — Lyon, 11 juillet 1873, D. P. 74, II, 209.

leur appartiendra aussi de déterminer souverainement le montant des dommages et intérêts à accorder aux demandeurs.

Cependant cette dernière solution n'est pas admise par tous les auteurs. On a soutenu, qu'en cas de faute constatée à la charge des membres du conseil, ces derniers devaient forcément encourir une condamnation intégrale, pour indemniser les actionnaires et les créanciers de la totalité des pertes sociales. — Une telle opinion nous semble inadmissible. Et d'abord, en ce qui concerne les tiers, comment soutenir que les tribunaux doivent nécessairement leur accorder une réparation intégrale ? Les tiers ont suivi la foi du gérant ; c'est lui qui les a invités à faire des opérations avec la société, c'est lui qui a attiré leurs capitaux. Ils ont suivi sa foi et ont traité avec lui à leurs risques et périls. Dans ces conditions, si les tribunaux constatent que, dans leurs rapports avec les gérants, les tiers lésés ont manqué de prudence et sont, dans une certaine mesure, les propres auteurs du préjudice qu'ils ont éprouvé, pourquoi refuser aux magistrats la faculté de laisser à la charge des tiers trop confiants une partie de ce préjudice? Dira-t-on, pour leur enlever cette latitude, que les membres du conseil de surveillance sont les cautions du gérant, que, par suite, ils répondent du montant intégral des dommages-intérêts dûs par celui-ci ? Une telle assertion nous semble trop absolue. Nous ne nous dissimulons pas que le rôle des membres du conseil paraît ressembler quelque peu à celui d'une caution, mais l'assimilation n'existe pas au fond ; les membres du conseil, nous l'avons déjà dit plus haut (n° 135, *in fine*), répondent beaucoup moins de la faute du gérant que de leur propre imprudence. Ce qui peut prêter à la confusion, c'est que les conséquences de leur responsabilité sont, pour ainsi dire, conditionnelles et sont suspendues jusqu'au jour où les agissements du gérant ont causé un dommage aux tiers, de telle sorte qu'on peut être victime d'une illusion et regarder l'acte dommageable commis par le gérant comme la véritable base de la responsabilité des membres du conseil, tandis qu'il n'en est que l'occasion et la condition. Une fois acquis qu'ils ne répondent que de leur faute, comment pourrait-on les forcer de réparer les fautes qui ont été commises non pas par eux, mais par les tiers ? Ce serait souverainement injuste (1).

146.— Pour les dommages et intérêts dûs aux actionnaires, la même solution doit être donnée *à fortiori*. Les membres du conseil pourront toujours leur répondre : nous avons, il est vrai, commis une faute en ne surveillant pas d'assez près les agissements du gérant, mais vous êtes responsables, dans une certaine mesure, des pertes subies, puisque vous avez eu tort de lui accorder votre confiance. Il n'est pas juste que vous soyez complètement déchargés des suites de votre faute ; notre imprudence commune a été suivie d'un malheur commun qui doit peser sur tous.

147. — Sur ce point comme sur celui de savoir quand il y a lieu à responsabilité, il est donc impossible de poser *à priori* une règle uniforme. Nous allons essayer néanmoins, en rapportant un certain nombre d'espèces résolues par les tribunaux, de dégager la tendance générale de la jurisprudence sur la responsabilité des conseils de surveillance.

---

(1) Jugé en ce sens que les membres du Conseil de surveillance qui ont manqué à leurs devoirs, peuvent cependant n'être déclarés responsables que pour partie du dommage qui en est résulté pour les tiers, si ces derniers ont de leur côté manqué de prudence et peuvent s'imputer, dans une certaine mesure, le préjudice qu'ils ont éprouvé. — Angers, 11 janvier 1867, D. P. 67, II, 19. — V. aussi : Arg. Rejet, 15 novembre 1869, S. V. 70, I, 216.

Rappelons d'abord quelques-uns des cas dans lesquels la responsabilité a été appliquée.

148. — Ont été déclarés responsables :

1° Les membres du conseil qui ont négligé de vérifier les livres, la caisse, le portefeuille et valeurs de la société (1).

2° Les membres du conseil qui n'ont pas prévenu l'assemblée générale, que le gérant, s'écartant des statuts, fondait une grande entreprise en dehors des opérations ordinaires, en y employant les fonds et le crédit de la société, alors que pourtant ces opérations défendues figuraient sur les livres (2).

3° Les membres du conseil qui laissent porter comme bonnes des créances qu'ils savent irrécouvrables (3), ou qui, dans les assemblées générales ne font pas un rapport exact de la situation, afin d'éviter de compromettre la société, ou qui, à la veille d'une catastrophe, déclarent que la situation s'améliore (4).

La Cour d'Angers, dans son arrêt du 11 janvier 1867, a déclaré que la responsabilité serait encourue alors même qu'une disposition statutaire prescrirait le maintien à l'actif, jusqu'au règlement définitif, des créances reconnues mauvaises; une telle clause devant être déclarée nulle comme contraire aux lois d'ordre public qui exigent des inventaires sérieux et loyaux.

4° Les membres du conseil qui avaient laissé figurer dans l'inventaire toutes les dépenses, sans distinction entre les frais de premier établissement, les frais généraux et

---

(1) Lyon, 8 juin 1864, D. P. 65, II, 197.

(2) Metz, 14 août 1867, D. P. 67, II, 179.

(3) Angers, 11 janvier 1867, D. P. 67, II, 19.

(4) Angers, 23 juillet 1875 et Rejet, 18 mai 1876, D. P. 76, I, 471.

courants d'administration, ainsi que des bénéfices purement aléatoires (1);

5° Les membres du conseil qui, malgré l'absence de bénéfices, ont autorisé le gérant à prélever un traitement que les statuts ne lui accordaient que sur les bénéfices nets (2);

6° Les membres du conseil qui ont toléré des emprunts contractés par les gérants sur dépôts de titres appartenant à des tiers, parce que ces agissements révèlent des besoins d'argent et devaient inspirer des inquiétudes ou éveiller la sollicitude du conseil (3). La cour de Lyon en conclut que, si ces faits n'engendrent par eux-mêmes aucune responsabilité pour les membres du conseil, ils témoignent de leur négligence et peuvent être invoqués pour l'établir ;

7° Les membres du conseil qui, n'ayant exigé aucun inventaire régulier, ont approuvé, sans vérifier les livres, des distributions de dividendes, sur de simples arrêtés de comptes dressés par le gérant d'après des écritures falsifiées (4) ; alors surtout qu'en exigeant un inventaire et en faisant des vérifications, les membres du conseil, hommes versés dans les affaires, auraient pu facilement constater les agissements du gérant et l'arrêter, par suite, dans la voie dangereuse où il s'était engagé (5) ;

8° Les membres du conseil qui, en présence d'inventaires où les mêmes créances figuraient pendant plusieurs années successives, n'ont pas cessé de manifester leur satisfaction

---

(1) Paris, 21 décembre 1858, et Cass. 2 avril 1859, D. P. 59, I, 137.

(2) Orléans, 20 décembre 1860 et Cass., rejet 15 janvier 1862, D. P. 62, I, 128. — Angers, 11 janvier 1867, D, P. 67, II, 19.

(3) Lyon, 11 juillet 1873.

(4) Caen, 16 août 1864, D. P. 65, II, 192. — Cass., 23 février 1870, D. P. 1871, I, 229.

(5) Angers, 10 mars 1875, D. P. 76, I, 14.

dans leurs rapports annuels, suivis de la distribution de forts dividendes (1) ;

9° Les membres du conseil, qui ont laissé distribuer un bénéfice non encore acquis, ni complètement réalisé, quoique fondé sur une convention qui y donne droit ; le bénéfice n'étant réputé acquis que lorsqu'il est le résultat d'une opération accomplie (2) ;

10° Les membres du conseil qui ont laissé distribuer des dividendes fictifs, c'est-à-dire des sommes qui ne correspondent pas à des bénéfices réels.

149. — Ce dernier cas de responsabilité doit nous arrêter quelques instants, car il soulève plusieurs problèmes intéressants.

Nous avons vu plus haut que les membres du conseil de surveillance doivent faire un rapport sur l'opportunité de la distribution des dividendes proposés par le gérant. S'ils négligent de s'acquitter de ce devoir, leur faute peut causer préjudice aux tiers créanciers ou aux actionnaires et par suite engendrer, pour eux, une double responsabilité. — Pour les créanciers, la question ne présente aucune difficulté. Si les dividendes ont été pris sur le capital, ils sont privés par là du gage auquel ils avaient droit ; ils subissent donc un préjudice dont ils peuvent demander réparation au gérant et aux membres du conseil.

Quant aux actionnaires, il est moins facile d'apercevoir le préjudice que peut leur causer une distribution de dividendes fictifs, car, la somme qui a été prise à cet effet sur le capital social leur a été versée, de sorte qu'à première vue cette opération peut paraître indifférente à leurs inté-

(1) Angers, 5 juillet 1876, D. P. 77, II, 30.

(2) Cass. dans l'intérêt de la loi du 21 avril 1862, aff. Mirès, D. P. 62, I, 305.

rêts. Il n'en est rien cependant. Cette distribution qui annonçait une situation prospère, a pu les amener à se rendre acquéreurs d'actions à des prix supérieurs à leur valeur réelle. Ils subissent une perte dont ils peuvent demander réparation. La distribution de dividendes fictifs a pu aussi leur occasionner un autre genre de préjudice, qui résulte moins de la distribution que de la répétition des dividendes non acquis ; nous faisons allusion à l'obligation de les rapporter à la masse qui peut peser sur les actionnaires.

Sous l'empire de la loi de 1856, la jurisprudence avait presque toujours décidé que les actionnaires étaient soumis à la répétition (v° notamment Requêt. 25 novembre 1861. D. P., 62, I, 166 et Rejet 8 mai 1867, D. P. 67, I, 193.) En recevant des dividendes fictifs, disait-on, les actionnaires ont repris une partie de leur mise ; il est juste qu'on les force à la compléter. Il n'y avait même pas à distinguer si la perception était accompagnée de bonne ou de mauvaise foi, car ces dividendes étant, au fond, des portions du capital social, on ne peut se fonder sur l'acquisition des fruits par le possesseur de bonne foi (art. 549 et 550, C. civil) pour les laisser à l'actionnaire qui les a perçus de bonne foi (1). Cette doctrine était fertile en conséquences, au point de vue de la responsabilité des membres du conseil, qui souvent pouvaient subir un contre-coup de ces restitutions. Tous les actionnaires rapportaient les dividendes fictifs touchés par eux ; le gage des créanciers était par suite, sous ce rapport, rétabli dans son intégralité. L'indemnité due par les membres du conseil était diminuée dans la même proportion à l'égard des tiers ; mais en même temps elle pouvait à raison de ce fait s'aggraver envers les actionnaires. Ceux-ci, il est vrai,

(1) En ce sens : Rejet, 14 décembre 1869, D. P. 70, I, 179.

ne peuvent pas réclamer aux membres du conseil le montant des dividendes restitués par eux, puisqu'ils ne font que rapporter une chose à laquelle ils n'ont pas droit; cependant, comme, après les avoir reçus de bonne foi, ils ont pu les employer à leurs besoins, les dépenser *lautius vivendo*, il est juste de leur reconnaître le droit de se faire indemniser du préjudice accessoire qui leur a été causé par la nécessité de prélever sur leur patrimoine des sommes que, pendant longtemps, ils avaient considérées comme des revenus légitimes (1). — Quand ils avaient reçu ces dividendes de mauvaise foi, ils étaient, au contraire, déchus de tout recours, car ils avaient eux-mêmes commis une faute dont ils devaient supporter les conséquences.

150. — Aujourd'hui la distribution de dividendes fictifs ne pourra plus que bien rarement donner ouverture à une responsabilité des membres du conseil; car, comprenant que les dividendes constituent des revenus véritables, des fruits civils pour les actionnaires, le législateur de 1867 a admis que leur perception de bonne foi mettrait à l'abri de toute répétition. Aux termes de l'article 10, § 3, la répétition n'en pourra être exercée que dans *le cas où la distribution en aura été faite en l'absence de tout inventaire ou en dehors des résultats constatés par l'inventaire.* — Cette énumération n'est cependant pas limitative et la répétition pourra être exercée si la distribution a été faite conformément aux résultats de l'inventaire, mais alors que les actionnaires savaient celui-ci mensonger; en un mot, la répétition sera possible chaque fois que l'on pourra prouver la mauvaise foi des actionnaires (2). Toutefois dans les deux cas

(1) Caen, 16 août 1864, D. P. 65, II, 192. — Bourges, 21 août 1871, D. P. 73, II, 34. — Lyon, 11 juillet 1873, D. P. 74, II, 209.

(2) Rapport de M. Mathieu : « A moins qu'on n'établisse contre l'actionnaire.... une complicité véritable pour tromper les tiers sur la véritable situation de la société. »

prévus par la loi, il y aura présomption de mauvaise foi contre les actionnaires, tandis que, en dehors de ces cas, il faudra la prouver.

151. — Ce changement de législation a profondément modifié, dans l'hypothèse qui nous occupe, les conséquences de la responsabilité des membres du conseil. Il en résulte que désormais leur responsabilité est, de ce chef, augmentée au regard des tiers, tandis qu'elle disparaît complètement au regard des actionnaires.

Quelques explications sont nécessaires. Aujourd'hui, avons-nous dit, les actionnaires rapportent les dividendes non acquis qu'ils ont touchés, seulement lorsqu'ils sont de mauvaise foi. C'est donc seulement dans cette hypothèse qu'ils pourront souffrir un préjudice ; mais étant alors eux-mêmes coupables de connivence, ils ne pourront exercer aucun recours contre les membres du conseil.

Ainsi la répétition des dividendes non acquis ne pourra plus entraîner la responsabilité des membres du conseil envers les actionnaires. Mais, en même temps, les créanciers ne pouvant plus faire rapporter à la masse les dividendes distribués et perçus de bonne foi, verront leur préjudice accru d'autant. Les membres du conseil encourront donc à leur égard une responsabilité plus étendue.

152. — Ceci dit sur les dividendes fictifs, revenons maintenant à la théorie générale de la responsabilité des membres du conseil. Les tribunaux ont un pouvoir discrétionnaire pour fixer le quantum des dommages-intérêts, lorsqu'ils auront reconnu l'existence d'une faute préjudiciable (1). Cette détermination constitue certainement la partie la plus délicate de leur tâche, car elle exige un examen approfondi

---

(1) Caen, 16 août 1864, D. P. 65, II, 192. — V. aussi Orléans, 20 décembre 1860, D. P. 62, I, 128.

de toutes les circonstances dans lesquelles s'est produite l'erreur du conseil de surveillance. La bonne foi des membres du conseil, la difficulté des vérifications, l'habileté du gérant à dissimuler l'état exact de la société, l'imprudence des actionnaires et des créanciers, les causes extérieures qui ont pu, indépendamment de la négligence, occasionner une partie des pertes, constituent autant d'éléments qui devront être pris en considération et pourront, non pas faire disparaître la responsabilité mais en atténuer les conséquences.

153. — Le pouvoir des tribunaux n'irait pas, toutefois, jusqu'à leur permettre d'absoudre les membres du conseil de surveillance. Dès qu'une faute préjudiciable aux créanciers ou aux actionnaires est constatée à la charge de membres du conseil, les tribunaux ne peuvent se dispenser de prononcer une condamnation. Il y a ici une différence remarquable avec le cas où la responsabilité se fonde sur l'article 8; car tandis que ce dernier article, par ses expressions, *les membres du conseil peuvent* etc., consacre une pure faculté pour les juges, l'article 9, au contraire, fait de l'application de la responsabilité une stricte obligation pour les magistrats.

154. — Il faut que le préjudice résulte de la faute des membres du conseil, car ils ne sont pas responsables des conséquences des actes de gestion. Généralement, les tribunaux se souviennent, comme l'a dit la Cour de Paris (1), que les actionnaires n'ont pas *de véritables assureurs dans la personne* de leurs mandataires, qu'il en est de même des tiers et ils font supporter aux membres du conseil, non pas l'intégralité des pertes sociales mais seulement une

(1) Paris, 1er août 1868, D. P., 69, II, 70. — Voir aussi Nancy, 4 juin 1877, *Recueil*, p. 129, n° 40.

quote-part du passif de la société, qu'ils estiment suffisante pour réparer la faute commise (1).

155. — Souvent la question se complique. Les membres du conseil n'ont pas tous commis des fautes, quelques-uns d'entre eux en ont commis de plus graves que les autres, ou enfin tous ne font pas partie du conseil depuis la même époque. Il faut alors déterminer pour chacun des membres du conseil quelle est sa part de responsabilité et, par suite, quelle est la somme de dommages et intérêts à laquelle il doit être condamné. Les magistrats ont, sur ce point, encore les plus grands pouvoirs d'appréciation (2). Toutefois, la règle à suivre en pareille matière nous semble avoir été indiquée fort justement par la Cour de Dijon (3), lorsqu'elle a décidé que la part de chacun des membres du conseil de surveillance dans la responsabilité, doit être déterminée selon la nature et la durée des fonctions qu'ils ont occupées dans le conseil et, aussi, selon les aptitudes spéciales qui leur permettaient de rendre leur contrôle plus efficace. — Il en résultera que tel membre du conseil de surveillance pourra être condamné à une somme de dommages et intérêts incomparablement plus forte que tel autre membre. Il pourra même arriver que tel membre du conseil soit condamné à une réparation plus forte que celle due par un gérant, si les fonctions du premier ont continué après la retraite du second (4). — Cette doctrine est irréprochable,

(1) Angers, 11 janvier 1867, D. P., 67, II, 19. Cet arrêt a condamné les membres du conseil à payer les 4/5 du passif social. La plupart des arrêts les condamnent à des dommages-intérêts moins élevés, variant d'ordinaire entre 5 et 20 p. 100 du passif entier. — Cpr., Lyon, 24 juin 1871, D. P., 71, II, 189.

(2) Pau, 26 décembre 1873, et Dijon, 7 mai 1874, D. P., 77, I, 19.

(3) 7 mai 1874, D. P., 77, I, 19.

(4) En ce sens, sur ce dernier point : Cassat., requêt., 15 avril 1873, D. P., 75, I, 31.

car le gérant ne répond que des fautes qu'il a commises dans sa gestion ; il ne peut pas être responsable de celles de ses successeurs, tandis que les fautes des membres négligents du conseil peuvent continuer encore après sa retraite. — Cependant la doctrine de l'arrêt serait inapplicable, si les pertes survenues après la retraite du gérant n'étaient que le résultat de ses fautes précédentes ; car ce dernier doit alors subir les conséquences de ses actes.

CHAPITRE III

EXERCICE DE L'ACTION EN RESPONSABILITÉ

CONTRE LES MEMBRES DU CONSEIL DE SURVEILLANCE

NOTIONS GÉNÉRALES SUR LES ACTIONS EN RESPONSABILITÉ CONTRE LES MEMBRES DU CONSEIL DE SURVEILLANCE

156. — La responsabilité des membres du conseil de surveillance pourra être invoquée par les actionnaires, au moyen de l'action sociale qui dérive du mandat social conféré aux membres du conseil. Cette action, si les statuts n'en ont pas décidé autrement, pourra toujours être exercée par chacun des actionnaires, à ses risques et périls, « quand, » par une inertie dont le sociétaire ne saurait souffrir, la » société omet ou refuse d'user à cet égard de son droit » et que l'action est restée entière » (1).

Si l'action est déjà exercée par les syndics qui représentent en justice le débiteur failli, c'est-à-dire la société, les actionnaires ne peuvent plus invoquer l'action sociale, car leurs intérêts sont déjà représentés à l'instance.

157. — L'assemblée générale des actionnaires peut transiger sur l'action en responsabilité, suivant certaines distinctions qu'il faut rapidement indiquer. La majorité de l'assemblée a ses pouvoirs limités aux actes d'administra-

---

(1) Paris, 22 avril 1870, D. P., 70, II, 121.

tion ou aux actes spécialement prévus et autorisés par les statuts ; là finissent ses droits. Elle peut donc transiger sur l'action en responsabilité se référant à des faits de cette nature, et, si elle a usé de cette faculté, les actionnaires auront perdu le droit d'exercer, même individuellement, l'action sociale. Au contraire, la renonciation ou la transaction consentie par l'assemblée sur l'action sociale en responsabilité dérivant d'une violation des statuts, ou de l'action en nullité de la société, ne serait pas régie par les mêmes principes, et tout actionnaire pourrait néanmoins exercer l'action en responsabilité, au mépris de l'arrangement intervenu (1).

158. — Certains actionnaires peuvent avoir, indépendamment de l'action sociale, une action individuelle fondée sur une faute qui leur aurait spécialement porté préjudice. Cette action pourra toujours être exercée par eux, en dehors de l'action sociale.

159. — Quant aux créanciers, ils ont une double action. En effet, ils peuvent toujours, conformément au droit commun, agir au nom et comme exerçant les droits de la société, leur débitrice. Ils peuvent exercer l'action sociale qui appartient à celle-ci, même dans le cas où les actionnaires agiraient de leur côté (2). Cette action oblique a pourtant, pour les créanciers, de graves inconvénients dont voici les principaux : La condamnation se mesurera au dommage causé *effectivement à la société*, et non pas à celui qui a été *causé aux créanciers* par les fautes des membres du conseil. De plus, les créanciers pourront se *voir opposer toutes les exceptions opposables à la société elle-même*. Aussi a-t-il

---

(1) En ce sens : Vavasseur, n° 746.

(2) Metz, 14 août 1867, D. P., 67, II, 178.

paru tout à la fois juste et indispensable de leur reconnaître une action directe, indépendante de l'action sociale (1).

Cette action directe, basée sur les articles 1382 et suivants, donne aux créanciers un droit propre et personnel à obtenir la réparation du préjudice qui leur a été causé par les membres du conseil. Il en résulte que le vote de l'assemblée générale, déchargeant les membres du conseil de surveillance de toute responsabilité, ne priverait pas les créanciers du droit d'agir contre eux (2).

160. — Cette action directe en responsabilité est complètement indépendante de l'action sociale ; nous en concluons que, si les tribunaux sont saisis séparément de l'une et de l'autre, ils ne seront pas tenus de prononcer la jonction pour connexité (3). En vain, pour soutenir le contraire, prétendrait-on que les deux actions sont fondées sur les mêmes faits, les fautes imputables aux membres du conseil. Il serait facile de répondre : sans doute, ce sont les mêmes faits qui ont engagé la responsabilité des membres du conseil envers la société et envers les tiers, mais les moyens invoqués par les parties ne sont pas les mêmes dans l'une et l'autre instance ; la société exerce l'action née du mandat; les tiers, au contraire, exercent l'action née du quasi-délit ; les négligences suffisantes pour justifier des dommages-intérêts envers les uns, peuvent être insuffisantes envers les autres. Les deux instances ne sont donc pas unies par un lien assez étroit pour que la solution de l'une

---

(1) Metz, 14 août 1867, D. P., 67, II, 178. — Voir aussi Cass., 17 février 1868, D P., 68, I, 177. — Cass., 23 février 1870, D. P., 71, I, 229.

(2) Angers, 13 janvier 1869, D. P., 69, II, 90.

(3) La connexité, c'est le rapport et la liaison qui existent entre plusieurs affaires, si bien que les instances pendantes, quoique relatives à un objet différent, ont entre elles une corrélation telle, que la décision de l'une doive influer sur la décision de l'autre.

entraîne nécessairement la solution de l'autre. Il n'y a donc pas lieu à la jonction pour connexité.

SECTION I

EXERCICE DE L'ACTION EN RESPONSABILITÉ CONTRE LE PREMIER CONSEIL

§ 1

Par qui peut-elle être exercée?

161. — Nous avons dit plus haut (n° 122), que l'action en responsabilité dérivant de l'article 8, appartient à la société, aux actionnaires et aux tiers. Pour l'exercice de cette action, la société sera représentée par les syndics, si elle a été déclarée en faillite; par les liquidateurs, si elle est encore *in bonis* ou si, formant une société civile, elle n'a pu qu'être en déconfiture. Sur tous ces points, aucune difficulté sérieuse ne peut se présenter.

162. — Quant aux actionnaires agissant individuellement, quelques explications sont indispensables. D'après les principes généraux, ils devraient faire valoir leurs droits par eux-mêmes; ils pourraient cependant, car rien ne s'y oppose, se réunir à plusieurs pour intenter une action commune, à frais communs. Dans cette hypothèse, ils n'en seraient pas moins tenus d'être tous présents au procès, et les significations devraient néanmoins être faites à chacun d'eux individuellement. Une telle procédure constituerait une source incontestable de lenteurs, d'embarras et de frais,

et aboutirait le plus souvent à une véritable impossibilité pratique, en raison du grand nombre d'actionnaires. « Aussi, dit M. Bravard (1), après beaucoup d'hésitations et » de controverses, on avait fini par s'arrêter à un expédient » qui consistait à faire représenter les intéressés par des » commissaires qu'ils nommaient à la pluralité des voix, » ou qui, à leur défaut, étaient nommés par la justice. » L'article 14 de la loi de 1856 vint consacrer cet expédient. Il était ainsi conçu : « Lorsque les actionnaires d'une société » en commandite par actions ont à soutenir collectivement » et dans un intérêt commun, comme demandeurs ou » comme défendeurs, un procès contre les gérants ou » contre les membres du conseil de surveillance, ils sont » représentés par des commissaires nommés en assemblée » générale. Lorsque quelques actionnaires seulement sont » engagés comme demandeurs ou comme défendeurs dans » la contestation, les commissaires sont nommés dans une » assemblée spéciale composée des actionnaires, parties au » procès. — Dans le cas où un obstacle quelconque empê- » cherait la nomination des commissaires, par l'assemblée » générale ou par l'assemblée spéciale, il y sera pourvu » par le tribunal de commerce, sur la requête de la partie » la plus diligente. — Nonobstant la nomination des com- » missaires, chaque actionnaire a le droit d'intervenir per- » sonnellement dans l'instance, à la charge de supporter » les frais de son intervention ».

163. — On le voit, les termes impératifs de ce texte le prouvent, ce mode de procéder était obligatoire. Dès que plusieurs actionnaires voulaient soutenir collectivement, et dans un intérêt commun, un procès contre les gérants ou les membres du conseil, ils devaient se faire représenter

(1) Bravard, *Sociétés commerciales*, p. 174.

par des commissaires, sans préjudice, néanmoins, du droit d'intervenir à leurs frais dans l'instance. Cette disposition était trop absolue, car, s'il est équitable de permettre la simplification des procédures, il est tout à fait injuste d'imposer aux parties un mandataire, qu'ils ne peuvent choisir. On ne tarda pas à le reconnaître, et la loi de 1867 (art. 17), est venue changer sur ce point les prescriptions de la loi de 1856. Désormais, la représentation par commissaires est facultative, ainsi que le témoignent les mots : (les actionnaires) *peuvent* charger, etc. ; et, en même temps, les parties ont toute liberté pour choisir ces commissaires, qui ne leur sont plus imposés ni par une décision du tribunal de commerce, ni par un vote. Les actionnaires intéressés les choisiront eux-mêmes de la façon qui leur paraîtra la plus conforme à leurs intérêts. Sans doute, le plus souvent, on aura encore recours, pour cette désignation, à un vote des actionnaires, car ce sera le procédé le plus commode ; mais, si les actionnaires le préfèrent, ils pourront procéder par voie d'adhésions individuelles. Les commissaires devront être munis d'un titre notarié ou sous seing privé, qui leur permettra de prouver la mission dont ils sont chargés.

164. — On ne peut qu'applaudir à cette modification apportée par la loi de 1867 à la législation précédente ; mais nous n'en dirons pas autant d'une autre réforme qui est très critiquable, suivant nous. Pour que les actionnaires, qui désirent se faire représenter par des commissaires, puissent user de cette faculté, il faut désormais qu'ils représentent au moins le vingtième du capital social. Cette disposition ne peut se justifier, car l'exercice simultané de l'action par un groupe d'actionnaires est trop conforme à l'intérêt général pour qu'on puisse le restreindre sans y être obligé par de puissants motifs. Le rapporteur a tenté d'ex-

pliquer cette restriction par les considérations suivantes : « Plaider par mandataire, c'est une exception au droit » commun, qu'il importe de restreindre au lieu de l'éten- » dre. En faire bénéficier les minorités sans se préoccuper » de la part qu'elles représentent dans le capital social, » c'est exposer la société à des attaques indiscrètes, en- » courager l'esprit processif en abaissant l'obstacle qui doit » l'arrêter : la responsabilité des frais engagés dans la » contestation. » — Ces considérations ne suffisent pas, selon nous, à justifier cette mesure; nous pensons que l'exigence de la loi pourra même, dans certains cas, être nuisible aux intérêts qu'on a voulu sauvegarder et qu'en tout cas elle sera dangereuse ou inutile. Dangereuse disons-nous, parce qu'en agissant séparément certains actionnaires entameront peut-être des procès imprudents, qu'ils auraient certainement abandonnés, après avoir examiné en commun la valeur des moyens qu'ils pourraient invoquer. Inutile, affirmons-nous, car rien n'empêchera les divers actionnaires, qui avaient l'intention de se réunir et ne peuvent le faire parce qu'ils ne représentent pas le vingtième du capital, d'arriver au même résultat en choisissant les mêmes mandataires *ad litem* (1), et d'aboutir ainsi à la concentration de leurs pouvoirs dans les mêmes mains. La seule différence, (et il faut l'avouer, elle n'est pas à l'avantage de la loi de 1867), c'est que, dans ce cas, grâce à la restriction de l'article 17, la dérogation à la règle *nul ne*

(1) Ce droit a été reconnu aux actionnaires d'une société anonyme par un arrêt de la Cour de Paris, 22 avril 1870, D. P., 70, II, 121. — De plus, lorsqu'un certain nombre d'actionnaires, dont les actions réunies forment le vingtième du capital, ont constitué un mandataire pour agir contre le conseil de surveillance, un autre groupe d'actionnaires peut, bien que le montant de ses actions soit inférieur au vingtième, se faire représenter par le même mandataire, car le but du législateur est encore mieux atteint. — Ainsi jugé : Bourges, 21 août 1871, D. P., 73, II, 34.

plaide par procureur, ne sera pas applicable et qu'il deviendra nécessaire de signifier tous les actes de procédure au nom et à la personne de ces actionnaires.

165. — Laissant de côté l'opportunité de cette restriction, examinons quelle est au juste la portée de l'article 17.

166. — L'article 17 consacre une exception au principe que *nul en France, hors le roi, ne plaide par procureur*. On ne peut guère en douter en présence des explications si formelles du rapporteur qui s'est exprimé en ces termes : « Cet » article organise au profit des minorités d'actionnaires, » agissant dans un intérêt commun un mode d'action en » justice qui en facilite l'action par la simplification et » l'économie. *Contrairement à la maxime* bien connue : » nul en France ne plaide par procureur » il permet à ces » minorités de se choisir un ou plusieurs mandatai- » res (1). »

167. — Le but du législateur suffit pour indiquer la portée exacte de la disposition. On est amené à en conclure que tous les actes de la procédure seront valablement faits à la requête ou en la personne des commissaires, agissant en qualité de mandataires désignés par tels et tels actionnaires dénommés suivant acte en date du, etc... — Par conséquent il en résulte que les commissaires auront par rapport aux actionnaires, leurs mandants, un rôle un peu analogue à celui qu'avaient à l'origine les mandataires romains au regard de leurs mandants (2); c'est-à-dire qu'à la différence d'un mandataire ordinaire, ils agiront en leur nom propre et personnel. L'avantage pratique consistera à éviter les frais et les pertes de temps résultant d'assignations ou de notifications individuelles.

---

(1) Rapport de M. Mathieu, *Coll. des lois*, Duvergier, 1867, p. 280.

(2) *Fragments du Vatican*, § 317 *in fine* : « Interveniente procuratore judicati actio ipsi et in ipsum non domino vel in dominum, competit. »

Toutefois, les commissaires dont parle l'article 17 ne sont pas substitués aussi complètement aux actionnaires, leurs mandants, que l'étaient les mandataires romains, qui, à l'origine tout au moins, étaient seuls investis ou tenus de l'action *judicati* et par conséquent aussi des voies d'exécution, sauf à subir ou à exercer un recours contre leurs mandants. Le but de la loi est uniquement de diminuer les frais et de simplifier la procédure ; or, on arriverait à un résultat tout inverse, si l'on admettait la subtitution complète du commissaire aux actionnaires qui l'ont choisi. N'est-il pas évident que les jugements rendus en faveur des commissaires ou contre eux, ne pourraient pas être invoqués par les actionnaires qui les ont institués, pas plus qu'ils ne leur seraient opposables ? On aboutirait ainsi à une double action qui irait contre la volonté du législateur. Le texte de la loi ne laisse, d'ailleurs, aucun doute à cet égard ; il pose nettement, par ses termes mêmes, le principe de la *représentation*.

168. — Les commissaires doivent être nommés spécialement pour chaque contestation (1) ; mais c'est la seule restriction qui soit apportée par la loi aux pouvoirs des actionnaires qui représentent un intérêt suffisant ; aussi doit-on décider que les actionnaires peuvent choisir leurs commissaires en toute liberté et désigner, pour ces fonctions, soit des actionnaires, soit des personnes étrangères à la société et cela en tel nombre qu'il leur plaira. Cependant à cette liberté nous admettrions deux tempéraments qui sont commandés, selon nous, par la nature même de la disposition de l'article 17. Nous pensons que, d'une part, un seul actionnaire, représentât-il à lui tout seul plus du vingtième du capital, ne pourrait pas nommer un commissaire pour

(1) Cela ressort des termes de l'article 17.

le représenter dans l'instance (1) et que, d'autre part, un groupe d'actionnaires ne pourrait pas nommer un nombre de commissaires supérieur à leur propre nombre, car dans ces deux hypothèses l'utilité des commissaires disparaîtrait complètement, et *cessante causa cessant effectus*.

169. — Supposons les commissaires régulièrement nommés et recherchons quels seront exactement leurs pouvoirs.

Institués pour soutenir un procès, les commissaires doivent nécessairement, à moins que l'acte de nomination ne se soit expressément expliqué sur ce point, avoir reçu le pouvoir d'appeler ou de défendre à l'appel, de se pourvoir en cassation ou de défendre au pourvoi (2). Remarquons même que, dans le cas où en fait les actionnaires auraient limité les pouvoirs des commissaires et leur auraient donné l'unique mission de les représenter soit en première instance seulement, soit en première instance et en appel, en stipulant qu'il leur faudrait obtenir une nouvelle investiture pour paraître soit devant la Cour d'appel, soit devant la Cour de Cassation, cette restriction ne pourrait pas être opposable au gérant ni aux membres du conseil de surveillance. Ceux-ci pourraient toujours interjeter appel contre les commissaires, ou former un pourvoi contre la décision rendue au profit de ces derniers, car toute partie a le droit, s'il y a lieu, de faire réformer le jugement ou casser l'arrêt qui lui préjudicie, et cela contre la partie qui a agi contre elle (3).

---

(1) Jugé en ce sens que l'article 14 de la loi de 1856 était inapplicable quand une action est intentée par un seul actionnaire. Angers, 26 avril 1866, D, P., 66, II, 198.

(2) En ce sens : Rivière, n° 136.

(3) En ce sens : Rivière, *Revue pratique*, 1856, t II, p. 553. — *Contra* Rivière, *Commentaire de la loi de 1867*, n° 141. — Bédarride, n° 311.

170. — D'autre part, les commissaires n'étant chargés de représenter les actionnaires que dans une action à soutenir, on doit en conclure qu'ils n'ont pas qualité pour recevoir ou faire la signification du jugement ou de l'arrêt qui est dépourvu de toute voie de recours. L'instance est alors, en effet, complètement terminée, et leur mission a définitivement pris fin. Le jugement ne peut être exécuté qu'au nom des actionnaires ou contre eux. — On doit en conclure aussi qu'ils ne peuvent transiger ni compromettre, s'ils n'en ont reçu le pouvoir exprès et formel (1). — Sur ces divers points aucune difficulté sérieuse ne peut se présenter, mais la question est plus délicate pour le désistement et l'acquiescement aux jugements. — En premier lieu, il est indiscutable qu'ils ne peuvent se désister de l'action, du fond du droit, car ce pouvoir ne rentre à aucun degré dans la mission dont ils ont été chargés. Mais pourquoi leur refuserait-on le droit de se désister des actes de procédure dont ils reconnaissent l'inutilité, pourquoi les forcer à persister dans une voie dont ils ont reconnu les inconvénients? Ne serait-ce pas aller contre l'intention du législateur qui a voulu diminuer les frais de la procédure? — Nous pensons même qu'ils pourraient acquiescer à un jugement, toujours pour éviter des frais inutiles.

171. — Au surplus les commissaires seraient, conformément au droit commun, responsables des fautes qu'ils peuvent commettre dans l'exécution de leur mandat. Ils répondraient non pas seulement de leurs fautes personnelles mais encore du préjudice qui a été causé à leurs mandants par la faute de leurs co-mandataires. On invoquerait en vain l'article 1995 (C. civil), pour soutenir que la solidarité ne peut existe entre plusieurs mandataires constitués pour

(1) Dalloz, v° *Société*, n° 1415. — Rivière, n° 145.

le même acte qu'autant qu'elle a été stipulée, car ici les commissaires sont chargés collectivement d'une mission indivisible, et chacun doit être déclaré responsable de tout le préjudice causé (1). Chacun sera donc tenu *in solidum.*

172. — L'article 17 réserve expressément l'action que chaque actionnaire peut intenter individuellement. Cette disposition diffère un peu de celle qui terminait l'article 14 de la loi de 1856, et qui se bornait à réserver pour chaque actionnaire le droit d'intervention. Cette différence entre l'une et l'autre rédaction s'explique tout naturellement. Sous l'empire de la loi de 1856, la représentation par commissaires étant obligatoire, ceux-ci agissaient comme mandataires de tous les actionnaires sans distinction. Chaque actionnaire intéressé était donc déjà partie au procès, alors même qu'il n'avait pas participé à la désignation des commissaires ; il ne pouvait donc plus *intenter* l'action en son nom : cependant, comme il pouvait n'avoir pas confiance dans la diligence des commissaires désignés par la majorité ou par le tribunal de commerce, la loi lui réservait le droit d'intervenir en personne dans l'instance pour y défendre ses intérêts. Aujourd'hui au contraire la représentation n'est plus obligatoire ; il n'y avait donc plus lieu de réserver aux actionnaires le droit d'intervention ; c'eût été une précaution inutile, car ceux qui ont participé à la désignation des commissaires ne peuvent prétendre qu'ils n'ont pas confiance dans les mandataires qu'ils ont librement choisis; inutile, encore, parce que ceux qui sont étrangers à la nomination des commissaires, ne sont pas représentés légalement dans l'instance et ont le droit, aux termes de l'article 17, d'intenter individuellement une action, ce qui comprend, par voie de conséquence, la faculté d'intervenir.

---

(1) Rivière, nº 146.

Si des actionnaires usent de ce droit, soit par voie principale, soit par voie d'intervention, ils supporteront, conformément au droit commun, les frais occasionnés par l'exercice de leur action ou de leur droit d'intervention.

173. — La représentation d'un groupe d'actionnaires par des commissaires produit des effets complexes qu'il est intéressant d'examiner. Sous certains rapports, elle substitue complètement l'intérêt collectif de ces actionnaires à l'intérêt individuel de chacun d'eux. Les actions individuelles sont alors absorbées par l'action unique et générale, intentée par les commissaires ou dirigée contre eux (1) ; aussi doit-on décider que le jugement qui intervient entre le gérant ou les membres du conseil de surveillance et les commissaires, est en premier ressort seulement, même à l'égard des actionnaires qui n'ont dans le procès qu'un intérêt inférieur à 1500 francs. — Sous d'autres rapports, au contraire, la confusion n'est pas aussi complète, parce qu'elle doit, d'après l'intention même des parties, cesser lorsque l'action commune prend fin. C'est ainsi que les actes d'exécution devront (nous l'avons déjà dit n° 170) être signifiés au nom de chaque actionnaire.

De même encore, si après une décision judiciaire, les autres actionnaires refusent de former appel ou de se pourvoir, un autre pourrait néanmoins appeler ou se pourvoir en son nom à ses risques et périls. — En un mot, tant que l'action commune subsiste, les actions individuélles sont dépendantes et liées les unes aux autres ; mais, sauf application de la règle bien connue *non bis in idem*, elles renaissent séparées et distinctes, dès que l'action commune a pris fin.

174. — Les tiers créanciers de la société pourront agir

(1) Angers, 18 janvier 1865, D. P., 65, II, 67.

par eux-mêmes contre les membres du conseil, mais le plus souvent le syndic agira pour eux, au nom de la masse, et exercera en leur nom l'action sociale. Ils n'auront aucun intérêt à prétendre exercer l'action par eux-mêmes (v. n° 159) car l'action sociale se fonde ici sur des faits préjudiciables également à tous les créanciers.

§ 2

Quand et pendant combien de temps l'action en responsabilité contre le premier conseil peut-elle être exercée?

175. — Les membres du conseil de surveillance, aux termes de l'article 8, peuvent être déclarés responsables lorsque *la société est annulée*, etc. Il faut en conclure que l'action en responsabilité ne peut être intentée qu'après l'annulation judiciairement prononcée, de la société. Jusque-là, elle serait infailliblement repoussée par une fin de non recevoir (1). — Il faut donc que la nullité soit prononcée. Par application de ce principe, il a été jugé que la responsabilité du conseil ne pouvait pas être pronocnée au cas où le gérant, s'apercevant de la nullité, prendrait lui-même l'initiative de convoquer l'assemblée générale et de faire prononcer la dissolution de la société (2); car, dans ce cas, la responsabilité ne découle pas de l'article 7 de la loi de 1856 (lisons de l'article 8 de la loi de 1867). Dans cette hypothèse, les actionnaires et les tiers qui voudraient actionner les membres du conseil de surveillance en responsabilité, pourraient le faire néanmoins, pourvu qu'ils prissent soin de demander aux tribunaux la nullité de la société. Rien ne

(1) Cass., 9 juillet 1861, D. P., 61, I, 414.

(2) Bordeaux, 29 mai 1860, et rejet 9 juillet 1861, D. P., 61, I, 415.

s'oppose, en effet, à ce que la nullité soit demandée, même après que la dissolution de la société a été prononcée par l'assemblée des actionnaires, car les conséquences juridiques de l'annulation sont autres que celles de la dissolution (1).

176. — Le but que s'est proposé le législateur, en exigeant ainsi que la nullité de la société soit judiciairement reconnue, pour que la responsabilité des membres du conseil puisse être proclamée, apparaît clairement. Il a voulu protéger ainsi les membres du conseil contre les poursuites téméraires, et pour cela il a décidé que la responsabilité ne pourrait être prononcée contre les membres du conseil qu'autant que les vices de la société seraient judiciairement établis par l'annulation de la société. — Le moyen le plus simple offert aux tribunaux pour arriver à cette constatation officielle de l'irrégularité initiale, sera, sans contredit, de prononcer la nullité de la société; mais cependant, dans certains cas, par exemple lorsque la société a déjà pris fin, soit par la dissolution volontaire, soit par la dissolution forcée provenant d'une déclaration de faillite, une annulation de la société sera inutile. Dans ces hypothèses, les magistrats pourront alors ou devront se borner à constater que la cause de nullité existait.

C'est ce qui ressort de plusieurs arrêts rendus sous l'empire de la loi de 1856, mais dont les solutions seraient encore applicables aujourd'hui. C'est ainsi que saisie, par un pourvoi d'un arrêt de la Cour de Toulouse la Chambre des requêtes a déclaré, par son arrêt de rejet du 12 avril 1864, dont nous croyons devoir reproduire quelques-uns des considérants, que la responsabilité des membres du conseil pourrait être déclarée encourue, même lorsque

(1) Cass., 3 juin 1862, D. P., 63, I, 24.

l'annulation a été précédemment prononcée pour inobservation des formalités de publication: « Attendu que s'il est » vrai que les tribunaux ne puissent prononcer une seconde » fois la nullité de la société déjà judiciairement annulée, » pour une autre cause, il ne s'ensuit pas que le gérant et » les membres du conseil de surveillance soient nécessai- » rement affranchis de l'obligation de réparer le dommage » que leur dol ou leur négligence a pu causer, et que, » lorsque cette réparation est réclamée en vertu de l'ar- » ticle 7 de la loi de 1856, par les parties intéressées, les « tribunaux soient dans l'impuissance de la prononcer, » quand même ils croiraient devoir user de la faculté que » leur donne cet article ; que ce qui fonde la responsabilité » des gérants et des membres du conseil de surveillance, » *ce n'est pas seulement le fait de l'annulation de la société* » *et du dommage qui peut en résulter, mais principalement* » *la violation de l'article 1er de la loi de 1856* qui, en don- » nant à croire aux intéressés que le capital social avait » été versé, les a abusivement conduits à livrer à la so- » ciété leurs capitaux ou à traiter avec celle-ci ; qu'il suit » de là que si, tant que la société fonctionne et que la nul- » lité n'en a été ni demandée ni prononcée... les membres » du conseil ne peuvent être soumis à la responsabilité » prononcée par l'article 7 de la même loi, il en est autre- » ment lorsque la société, ayant été annulée pour vice de » forme, *les tribunaux constatent qu'elle avait encouru la* » *nullité* prononcée par l'article 6 de la loi précitée (1). »

C'est ainsi encore qu'un arrêt de Lyon décidait que la société ayant pris fin par la faillite, il suffisait qu'on eût constaté que la cause de nullité existait, parce que, disait la Cour : « la responsabilité a son principe non dans la dé-

(1) Rejet 12 avril 1864, D. P., 64, I, 377.

» cision judiciaire qui prononce l'annulation, mais dans les » faits antérieurs qui ont frappé la société de nullité (1). »

177. — L'action en responsabilité dérivant de l'article 8 ne peut pas être indéfiniment exercée ; elle est prescrite au bout de trente ans conformément au droit commun. — Il n'y a pas, à cet égard, à faire une différence suivant que l'action en responsabilité est intentée par des actionnaires ou des tiers. En vain, dirait-on, que les membres du conseil sont des co-associés, des actionnaires, et que, par application de l'article 64 du Code de commerce, les actions contre les associés se prescrivent par cinq ans, car ici il n'y a pas société véritable ; il n'y a eu que société de fait. Le vice qui a entraîné l'annulation, affectait la société à son origine, et l'annulation a rétroagi dans le passé au regard des gérants et des membres du conseil de surveillance. Contre les membres du conseil, les associés invoquent l'action née du contrat de mandat, les tiers, l'action fondée sur le quasi-délit, actions qui, l'une et l'autre ne se prescrivent que par trente ans.

§ 3

Des moyens de défense que peuvent opposer les membres du premier conseil de surveillance.

178. — Pour terminer l'étude de l'exercice de l'action en responsabilité contre le premier conseil de surveillance, il nous reste à voir quels seront les moyens de défense que les membres du conseil pourront opposer à cette action. Ces moyens peuvent varier à l'infini ; aussi n'avons-nous

---

(1) Lyon, 29 mars 1860, S., 60, II, 365.

pas la prétention de les examiner tous, mais simplement de chercher à établir les principes qui semblent ressortir de la jurisprudence.

1° Le premier conseil n'est pas responsable dans le cas où le capital d'une société en commandite par actions a été fourni par l'actif d'une ancienne société, déduction faite des non-valeurs, lorsque cette mesure a été approuvée par l'assemblée (1).

2° Les membres du premier conseil ont été aussi exonérés de toute responsabilité, si les pertes dont on prétend les rendres responsables ne sont pas imputables à leur faute ou à leur négligence (2).

3° Le même arrêt a exonéré également de toute responsabilité les membres du conseil dont la vigilance a été trompée par les omissions, les erreurs et les dissimulations dans les écritures que faisait tenir le gérant, et lorsque, en définitive, la ruine de la société ne doit pas être attribuée à des vices dans sa constitution, mais aux fraudes et aux dilapidations du gérant.

Ces quelques exemples suffisent pour montrer la tendance générale de la jurisprudence en cette matière. Elle n'écarte la responsabilité des membres du conseil que lorsqu'ils n'ont pas commis de faute et qu'ils ont fait preuve de vigilance. Au contraire, dès qu'il y a faute du conseil et préjudice pour les tiers ou les associés, nous allons constater que la responsabilité ne peut plus être complètement écartée.

Ainsi : 1° Les membres d'un premier conseil de surveillance, actionnés en responsabilité à raison de la nullité encourue pour défaut de souscription de la totalité du

(1) Grenoble, 11 décembre 1872, D. P., 74, II, 33.

(2) Cass., 11 mai 1870, D. P., 70, I, 401.

capital social et du versement du quart, ont prétendu repousser toute responsabilité en excipant de l'existence d'une déclaration notariée faite par le gérant, portant que cette souscription et ce versement se sont accomplis régulièrement. La cour d'Agen (1) donna raison à cette prétention et proclama que le conseil de surveillance n'étant pas garant de l'exactitude de la déclaration notariée du gérant, sa responsabilité est couverte par cette déclaration même. — Il semble toutefois difficile d'admettre une pareille doctrine. Comment supposer que la fausse déclaration faite par le gérant, couvre la responsabilité du conseil? La loi a voulu organiser une surveillance efficace; dans ce but, elle a chargé le conseil non pas de s'assurer qu'une liste a été dressée par le gérant, mais d'en vérifier l'exactitude. Tel est, du reste, le sens dans lequel semble se prononcer la majorité des arrêts (2).

2° Ils ne pourraient pas prétendre que, s'étant abstenus de prendre part aux opérations du conseil, ils ne peuvent être responsables.

3° De même, ils ne pourraient pas soutenir qu'ils ne sont pas responsables dès qu'il y a eu des faux commis par le gérant. Sans doute, ils ne sont pas civilement responsables des délits et crimes commis par le gérant, mais comme la faute criminelle ou délictueuse de ce dernier n'est pas exclusive d'une faute civile de leur part, il suffit de constater qu'ils ont commis une faute, en négligeant de faire avec soin les vérifications dont ils étaient chargés, pour qu'immédiatement leur responsabilité soit engagée.

---

(1) Agen, 6 décembre 1860, D. P., 61, II, 60. — Cassé par arrêt du 11 mai 1863, D. P., 63, I, 213.

(2) Aix, 16 mai 1860, D. P., 60, II, 118. — Cass., 11 mai 1863, D. P., 63, I, 213.

SECTION II

CONTRE LES MEMBRES DES AUTRES CONSEILS

§ 1

Par qui l'action peut-elle être exercée?

179. — L'action sociale en responsabilité contre les membres du conseil de surveillance, pour les faits de négligence survenus pendant la gestion pourra être intentée par les liquidateurs de la société ou par les syndics agissant au nom de la société ou de la masse des créanciers. Les actionnaires pourront aussi l'exercer soit séparément, soit par groupes conformément à l'article 17 ; sur tous ces points nous renvoyons du reste à ce que nous avons dit plus haut (n°s 161 et suiv.) car *mutatis mutandis* il faut appliquer ici les mêmes règles. Ils pourront également agir en invoquant les actions individuelles qui peuvent leur appartenir.

180. — Les créanciers, eux aussi, peuvent avoir contre les membres du conseil de surveillance des actions directes en responsabilité pour les fautes commises par ceux-ci, lorsque ces fautes leur ont causé un préjudice. — L'exercice de ces actions directes soulève une grave difficulté. On peut, en effet, se demander si les syndics agissant au nom de la masse peuvent les exercer.

Aux termes de l'article 532 du Code de commerce, les syndics représentent la masse des créanciers et sont chargés de procéder à la liquidation. Il en résulte que lorsque tous les créanciers d'une faillite ont, pour être payés de ce qui leur est dû, intérêt à poursuivre un tiers, le syndic est naturellement investi du droit d'intenter la poursuite au nom de tous. Il semble donc que les syndics peuvent, s'ils le jugent utile, intenter dans tous les cas, au nom de la masse une action en responsabilité contre les membres du conseil (1).

181. — La jurisprudence avait toujours décidé dans ce sens, lorsqu'un arrêt de la Cour de Douai en date du 10 août 1868 refusa aux syndics cette faculté qui ne leur avait pas encore été contestée. Cet arrêt propose une distinction d'après laquelle l'action pourrait ou ne pourrait pas être exercée par les syndics, selon qu'elle se rattache à des faits ayant nui à la société et par suite à tous les créanciers ou à des faits ayant nui individuellement à tels ou tels créanciers et non pas à tous. — Cet arrêt présente un grand intérêt, car, si l'on adopte la doctrine qu'il proclame, on devra très souvent déclarer non recevable l'action des syndics agissant en responsabilité au nom de la masse. Ceci arrivera fréquemment ; le juge étant obligé de statuer sur la recevabilité de l'action avant de vérifier les faits, devrait déclarer celle-ci non recevable, toutes les fois que les membres du conseil allégueraient à la charge de certains créanciers des fautes particulières de nature à rompre l'unité de position juridique des divers créanciers.

Examinons la valeur de la doctrine que la Cour de Douai a formulée en ces termes :

« Considérant que les syndics sollicitent de la justice une » condamnation contre les appelants, au profit de la masse » de la faillite, en invoquant des fautes graves ou des omis- » sions commises pendant que lesdits appelants faisaient » partie du conseil de surveillance de la société....; qu'il

(1) Plusieurs arrêts avaient admis les syndics à exercer cette action dont la régularité n'avait même pas été discutée devant la justice. Voir notamment Lyon, 8 juin 1864; Palais, 1865, 226. — Caen, 16 août 1864; J. P., 1865, 217. — Cass., 17 février 1868; J. P., 1868, 643.

» importe de rechercher si l'action ainsi intentée se fonde » sur des faits ayant causé un préjudice à la masse *ut uni-* » *versi*, ou à chaque créancier *ut singuli*; — Considérant » que le législateur, en organisant les sociétés en com- » mandites par la loi du 17 juillet 1856, a, pour la garan- » tie de ceux qui traitent avec ces sociétés, établi deux » responsabilités : celle du gérant et celle du conseil de » surveillance; que ces deux responsabilités, qui se diffé- » rencient par leur nature et leur étendue, peuvent bien » donner lieu à une seule et même action, mais qu'elles » sont complètement indépendantes l'une de l'autre ; que » celui qui les tient de la loi est le maître de les mettre en » mouvement toutes deux, ou de n'en exercer qu'une seule; » qu'il les a *in bonis*, si bien qu'en produisant à la faillite » et en faisant vérifier sa créance, il n'aliène ni ne se des- » saisit au profit de la masse du droit qu'il peut avoir » d'agir contre le conseil de surveillance, pas plus qu'en ne » produisant pas à la faillite il ne renonce ni n'abandonne » son droit de poursuivre, quand il le croira utile au mieux » de ses intérêts, les membres du conseil de surveillance » pris collectivement, ou certains d'entre eux pris indi- » viduellement, en réparation du préjudice qui peut lui » avoir été causé par des fautes ou l'inobservation des » sages prescriptions de la loi ; — Que de ce chef les syn- » dics représentant la masse ou le failli ne sauraient être » recevables à exercer une action qui appartient aux » créanciers *ut singuli* ; — Considérant que les syndics ne » sont pas plus recevables à invoquer au nom de la masse » la responsabilté que le conseil de surveillance peut avoir » encourue aux termes des articles 1382 et 1992 C. civ. » envers quelques-uns ou chacun des créanciers ; que cette » responsabilité est tellement personnelle et proportionnée » à chaque créancier ou à chaque nature de créance, que

» le jugement que l'on voudrait faire déclarer commun
» aux appelants a ordonné aux syndics de produire un état
» indiquant, entre autres bases des dommages-intérêts à
» accorder, l'importance des dépôts qui ont été faits à la
» caisse R........, qu'il est cependant bien évident que les
» dommages-intérêts dûs aux déposants ne sauraient être
» attribués aux syndics pour être distribués également en-
» tre tous les créanciers ; — Considérant, en effet, qu'il est
» de toute impossibilité de placer tous les créanciers sous
» le même niveau pour mesurer et déterminer la respon-
» sabilité encourue par des fautes et des omissions qui,
» s'appliquant à chaque individualité, varient, s'aggravent
» ou diminuent suivant la valeur, la date de la créance ou
» du dépôt, les connaissances et les relations personnelles
» que chaque créancier peut avoir avec le gérant et les
» membres du conseil de surveillance ; que telles fautes ou
» telles omissions qui ne pourront engendrer qu'une res-
» ponsabilité nulle ou très-légère contre le conseil de sur-
» veillance envers tel créancier déterminé qui, par exemple,
» aura été prévenu du danger que courait sa créance ou son
» dépôt, et n'aura pas agi en temps utile, s'aggraveront, au
» contraire, envers tel autre créancier auquel le même
» conseil de surveillance aura refusé des renseignements
» donnés à d'autres déposants ou créanciers ; que
» cependant, si le syndic était recevable dans l'action
» exercée, les dommages-intérêts accordés à la masse de-
» vraient être répartis au prorata des créances vérifiées,
» sans distinction de nature ou de date, et que l'iniquité
» d'un pareil résultat suffirait pour démontrer que lesdits
» syndics ne sauraient être admis à exercer au nom de la
» masse les actions créées par la loi au profit de chaque
» créancier *ut singuli* ; que sans doute il pourrait arriver
» que certaines fautes ou certains faits du conseil de sur-

» veillance pussent causer à la masse un préjudice général » dont il appartiendrait aux syndics de poursuivre la réparation, mais que rien de pareil n'est articulé dans l'espèce, et que, dès lors, il y a lieu d'accueillir la fin de non » recevoir proposée par les appelants ; infirme, etc. » (1).

182. — Deux considérations principales semblent avoir déterminé la Cour ; ce sont : 1° La séparation complète qui existe entre l'action dirigée contre le gérant et celle qui est intentée contre les membres du conseil de surveillance. Ces deux actions sont tellement distinctes, qu'elles sont indépendantes l'une de l'autre et que chaque créancier conserve, comme un droit individuel, l'action en responsabilité contre les membres du conseil de surveillance.

2° La nécessité de faire des appréciations tout individuelles de la réparation due à chaque créancier.

Apprécions successivement la valeur de ces deux motifs.

183. — Tout d'abord y a-t-il lieu à faire, avec l'arrêt, une distinction entre l'action dirigée contre le gérant et celle dirigée contre les membres du conseil ? — M. Bédarride prétend que non : « Si cette doctrine était juridique, » dit-il, et juste à l'égard des membres du conseil de » surveillance, ne le serait-elle pas pour ce qui concerne » le gérant ? Est-ce que celui-ci a jamais traité avec la » masse des créanciers *ut universi?* Il doit donc à chaque » créancier personnellement, et cependant nul ne conteste » et n'a jamais contesté la recevabilité de l'action au nom » de la masse » (2).

Cette objection peut, à notre avis, être facilement repoussée, car la situation du gérant au regard des créanciers

---

(1) Douai, 10 août 1868 ; J. P., 1869, p. 712. — La même doctrine a été admise par la Cour de Paris, 28 mai 1869, S. 70, II, 69.

(2) N° 209.

sociaux est loin d'être semblable à celle des membres du conseil envers les mêmes personnes.

Le gérant est responsable des engagements de la société dès le moment où ils se forment (art. 23, cod. de comm.); et, par suite, dans les cas où celle-ci est insolvable, il est tenu d'y satisfaire à sa place. Il est donc débiteur des créanciers de la société, obligé envers tous au même degré ; aussi est-il rationnel de reconnaître au syndic le droit de faire rentrer cette créance pour la répartir ensuite entre les créanciers sociaux au prorata de leurs créances. Au contraire, les membres du conseil n'ont jamais été obligés envers les tiers créanciers tant que la société était *in bonis;* la responsabilité qu'ils ont pu directement encourir envers eux, n'a véritablement pris naissance qu'à la faillite ou à la déconfiture de la société, c'est-à-dire au moment même de la dissolution, si bien que, sous ce rapport, ils n'ont jamais été débiteurs de la société ni tenus avec elle. S'ils sont obligés directement envers les tiers, c'est parce qu'ils ont commis des fautes préjudiciables à ces derniers; et, comme le préjudice de ceux-ci ne devient certain qu'au moment où la société cesse d'être *in bonis,* il faut en conclure que l'action en réparation née de ce chef n'a jamais appartenu qu'à chaque créancier individuellement, et que les sommes qu'elle a pour but de faire rentrer ne peuvent, à aucun point de vue, être considérées comme partie intégrante du capital social, gage commun des créanciers. Le syndic, déjà à ce point de vue, n'a donc pas qualité pour exercer ces actions qui appartiennent en propre à chacun des créanciers et auxquelles ils peuvent renoncer.

184. — Ce premier point établi, le second motif invoqué par l'arrêt ne peut plus guère être discuté; il est certain que les juges doivent nécessairement pour fixer la somme des réparations dues à chaque créancier, procéder à des appré-

ciations individuelles. Comment placer tous les créanciers sous le même niveau ? Les créances des uns seront anciennes, d'autres le seront moins, les autres seront toutes récentes. Les plus anciens auront véritablement souffert des fautes du conseil intervenues postérieurement à leurs contrats ; mais les derniers ne pourront justifier d'aucun préjudice sérieux, si leurs titres ont pris naissance quand le mauvais état des finances de la société était notoire. N'ont-ils pas commis eux-mêmes une véritable imprudence, en confiant ainsi leurs capitaux sans prendre les renseignements les plus élémentaires sur la maison avec laquelle ils traitaient ? La perte qu'ils ont subie, ne provient pas exclusivement du défaut de surveillance des membres du conseil ; il serait injuste de rendre les membres du conseil responsables non-seulement de leur défaut de surveillance, mais encore des résultats de l'imprudence de ceux qui ont ainsi exposé leurs capitaux. Cela est si vrai que, en fait, la plupart du temps, les tribunaux se trouvant en présence d'une telle situation, seraient tentés d'apprécier au plus bas la somme des dommages-intérêts à allouer aux créanciers et à fonder leur évaluation seulement sur le dommage causé à ceux des créanciers dont la situation est la moins digne d'intérêt. L'iniquité subsisterait donc ; elle ne serait que déplacée, car au lieu de peser à tort sur les membres du conseil, les résultats des fautes commises par certains créanciers viendraient diminuer le montant des dommages-intérêts auxquels avaient droit ceux qui toujours ont fait preuve de prudence. En somme, si par la faute des membres du conseil un préjudice a été causé à tous les créanciers, il l'a été dans des conditions tout à fait différentes ; pour arriver à une solution équitable les tribunaux seront donc forcés de décomposer l'action collective du syndic, de procéder à la liquidation du dédommagement dû à chaque classe de créanciers, d'en additionner le montant pour fixer le quantum des dommages et intérêts dûs par les membres du conseil. Quand tout cela sera fait, le syndic ne devrait pas répartir ces dommages dans la même proportion entre tous les créanciers (1).

L'action collective des syndics serait de cette façon décomposée en autant d'actions distinctes qu'il y a de catégories diverses de créanciers ; chaque classe devrait de plus recevoir une indemnité différente.

Dans ces conditions, les instances ne pourront que gagner à être séparées dans la forme comme au fond.

165. — Au surplus les créanciers auront toujours la faculté, s'ils se jugent mieux représentés par le syndic, de le choisir comme mandataire *ad litem*. Celui-ci agira alors en qualité de mandataire; il devra donc produire ses pouvoirs, et, de plus, comme il n'existe pas pour les créanciers de règle analogue à celle de l'article 17 qui permet la représentation par commissaires, il faudra signifier les différents actes de la procédure au nom et à la personne de chacun des créanciers.

§ 2

Quand et pendant combien de temps l'action en responsabilité peut-elle être exercée contre les membres du conseil de surveillance?

186. — L'action en responsabilité contre les membres du conseil de surveillance, fondée non plus sur les irrégularités initiales, mais sur le défaut de vigilance et d'attention pendant le cours de la société, n'est pas soumise aux règles

(1) Ce dernier point a été décidé par un arrêt. Angers, 13 janvier 1869, S. 70, II, 81.

qui régissent l'époque à laquelle l'action en responsabilité dérivant de l'article 8, peut être intentée.

Nous allons rencontrer sur ce point une différence notable entre l'une et l'autre action.

Comme la responsabilité n'est pas, dans notre hypothèse, subordonnée à l'annulation de la société, il en résulte naturellement que l'action peut être introduite par les associés à un moment quelconque, pourvu qu'une faute préjudiciable soit relevée à la charge des membres du conseil. A ce propos, nous répétons (v. n° 122), que le préjudice des actionnaires est constant dès que le capital social est entamé, et que, par conséquent, à partir de ce moment, l'action en responsabilité sera recevable de la part des associés. Nous rappelons, au contraire, que, de la part des tiers, elle ne pourra pas être valablement intentée avant la faillite ou la déconfiture de la société ; car c'est seulement quand la société n'est plus *in bonis*, que ceux-ci souffrent un préjudice certain et incontestable.

187. — L'action en responsabilité contre les membres du conseil, fondée sur l'inobservation de leurs devoirs, au cours de la société, ne se prescrira que par trente ans, conformément au droit commun. On soutiendrait vainement que, tout au moins au regard des tiers, elle doit se prescrire par cinq ans (article 64 du Code de commerce), comme toute action contre les associés non liquidateurs, puisque les membres du conseil sont des associés. Nous pouvons répondre qu'il est douteux que la prescription quinquennale soit opposable par les associés, qui ne sont tenus que dans la mesure de leurs apports (1), et que, même sans s'arrêter à cette objection, on peut très bien dire : chacun des membres du conseil a deux qualités

(1) Voir Lyon-Caen, n° 581.

différentes, celle d'actionnaire et celle de membre du conseil. Quand on agit contre eux, en qualité de membres du conseil, on n'invoque pas leur qualité d'actionnaires ; on soutient seulement qu'ils étaient chargés d'un mandat, conventionnel à l'égard des associés, légal à l'égard des tiers ; que ce mandat, ils ont négligé de le remplir et que, pour cette raison, ils sont tenus, au regard des actionnaires, en vertu de l'action dérivant du mandat, au regard des tiers, en vertu de l'action née des articles 1382 et suivants, actions qui ne sont prescriptibles que par trente ans.

§ 3

Des moyens de défense que peuvent opposer les membres du conseil de surveillance.

188. — Nous savons que l'action en responsabilité contre les membres du conseil de surveillance, repose sur une double base, une faute et un préjudice ; il en résulte que si l'un de ces deux éléments vient à faire défaut, les membres du conseil devront être rendus indemnes.

Rappelons quelques-uns des moyens de défense qui ont été invoqués devant la justice, en commençant par les hypothèses dans lesquelles, selon la jurisprudence, il n'y a pas de faute de la part des membres du conseil.

A) *Absence de faute.* — 1° Les membres du conseil de surveillance n'encourent aucune responsabilité, quand ils ont satisfait consciencieusement à leurs obligations, et quand, par des manœuvres habilement calculées, par de fausses mentions portées sur les livres et dont ils n'ont pu, *malgré un examen attentif*, reconnaître le caractère mensonger, ils ont été eux-mêmes induits en erreur (1) ;

2° Il a été jugé aussi que toute responsabilité devait être écartée, lorsqu'en présence d'écritures habilement falsifiées, ils n'ont pu, *malgré leur vigilance et un examen sérieux*, reconnaître les fraudes du gérant (2) ;

3° De même pour le cas où les membres du conseil ont été trompés par des falsifications d'écritures commises par des agents de la compagnie ; de tels faits constituant des crimes et des délits surprenant la bonne foi des gens honnêtes. La mission d'un conseil serait inacceptable, s'il devait répondre des méfaits commis pour le tromper (3). A plus forte raison en est-il ainsi, quand les membres du conseil ont surveillé avec une grande vigilance, et n'ont pu connaître la gestion dolosive du gérant, en présence des résultats acquis à l'aide d'une comptabilité fausse (4) ;

4° La responsabilité étant personnelle, les dissidents, si des divergences se sont produites dans le sein du conseil, ne peuvent être tenus des fautes de la majorité. Mais, pour cela, il faut qu'ils fassent constater leur rôle dans la délibération. Le moyen le plus simple consistera à faire insérer leur avis dans le procès-verbal de la réunion du conseil ; et, s'ils éprouvent un refus, ils agiront prudemment en présentant à l'assemblée un contre-rapport où seraient « exposés les motifs qui les ont empêchés d'adopter l'avis » de la majorité (5) », et en faisant constater, par huissier, leur protestation, séance tenante.

Au contraire, il a été jugé que la faute des membres du

---

(1) Rejet, 28 novembre 1860, D. P., 61, I, 339.

(2) Paris, 15 juillet 1862, D. P., 64, I, 150.

(3) Paris, 16 janvier 1863, D. P., 64, I, 368.

(4) Cass., 26 mai 1869, D. P., 69, I, 401.

(5) Mathieu et Bourguignat, n° 87.

conseil subsiste, même lorsqu'ils avaient des capitaux engagés dans la société et ont subi des pertes, parce que la négligence d'un simple particulier pour ses propres intérêts, qu'il est libre de soigner bien ou mal, ne peut excuser complètement celle d'un mandataire obligé de soigner attentivement ceux d'autrui (1).

B) *Absence de préjudice.* — Pour que l'action des associés ou des tiers soit recevable, il faut que la faute des membres du conseil leur ait causé un préjudice (2). C'est l'application du principe : sans intérêt, pas d'action. Aussi doit-on en conclure que, si les demandeurs ne peuvent établir un préjudice réel dont ils ont à souffrir, leurs prétentions doivent être repoussées.

189. — L'absence de faute ou l'absence de préjudice sont les seuls moyens qui peuvent faire exonérer les membres du conseil de toute responsabilité. On a cependant prétendu que les statuts pourraient décharger les membres du conseil de toute responsabilité, et que, dans ce cas, l'action en responsabilité pourrait être repoussée par les tribunaux. La cour de Bourges (3) a écarté cette prétention, en se fondant sur ce que les conseils de surveillance sont institués dans un intérêt d'ordre public, et ne peuvent être déchar-

(1) Angers, 5 juillet 1876, D. P., 77, II, 30.

(2) Bordeaux, 19 mai 1860, et Cass., 9 juillet 1861, D. P., 61, I, 415.

(3) Bourges, 21 août 1871, D. P., 73, II, 37.

Même sens : Cour de Nancy, 6 février 1872. Voici quelques-uns des considérants de cet arrêt : « Attendu que les membres du conseil de surveillance d'une société par actions sont des mandataires, et qu'il est de l'essence du mandat que le mandataire soit tout au moins responsable de sa faute lourde, que le droit romain et la doctrine ont toujours assimilée au dol... Attendu qu'en rendant obligatoire, pour la société par actions, l'existence d'un conseil de surveillance jusque là purement facultative, le législateur a imprimé à cette institution et à la responsabilité encourue par les membres du conseil, désormais investis d'un véritable mandat légal, un caractère d'utilité générale et d'intérêt public interdisant toute stipulation destinée à restreindre les effets de la responsabilité édictée par la loi... »

gés par les statuts de la responsabilité qui découle nécessairement de leurs devoirs.

De même encore, les membres du conseil ne pourraient pas prétendre qu'ils n'encourent aucune responsabilité, s'ils n'ont pas fait de rapport, en prétextant que l'assemblée n'a pas été réunie, et cela, quand même les statuts dispenseraient de la nécessité d'une assemblée annuelle, parce qu'une telle clause est évidemment contraire à l'ordre public.

Les membres du conseil invoqueraient vainement les difficultés et les longueurs du travail de vérification des livres, du portefeuille et des valeurs sociales ; de pareilles considérations ne pouvant les dispenser de leurs devoirs (1).

Jugé de même que les membres du conseil qui se sont abstenus, ne sont pas affranchis, pour cela, de la responsabilité que les autres ont encourue, pour avoir négligé les vérifications qu'il était de leur devoir de faire ; cette abstention constituant en elle-même une faute (2).

Comme celui qui a commis une faute est responsable des conséquences dommageables qui en sont la suite, à quelqu'époque qu'elles se produisent, un membre du conseil ne peut échapper à toute responsabilité, sous prétexte qu'il a cessé d'en faire partie plusieurs années avant la faillite de la société, lorsque sa négligence a contribué dans une large mesure à la perte du fonds social (3).

190. — On voit par tous ces exemples que la jurisprudence se garde avec soin de l'excès de sévérité et de l'excès d'indulgence. Y a-t-il faute? Y a-t-il préjudice? Telles sont

---

(1) Caen, 16 août 1864, D. P., 65, II, 192. Metz, 14 août 1867, D. P., 67, II, 179.

(2) Même arrêt et Lyon, 8 juin 1864, D. P., 65, II, 197.

(3) Civil, rej. 21 décembre 1875, D. P., 77, I, 19. — Requêt., 15 avril 1873, D. P., 75, I, 31.

les deux questions que les tribunaux ont à résoudre successivement. La seconde n'offre aucune difficulté, la première seule peut prêter à quelque doute, car on peut différer d'avis sur le point de savoir si tel ou tel fait constitue un manquement aux devoirs des membres du conseil. La règle qui doit guider les tribunaux dans cette délicate recherche, a été fort bien exprimée par deux arrêts dont voici quelques motifs : « Considérant qu'en cette matière, si la mission » des conseils de surveillance ne doit pas être étendue hors » de ses limites, et si elle doit même être sagement cir- » conscrite par la prudence des tribunaux, il faut néan- » moins qu'elle soit sérieuse, raisonnablement entendue, » et qu'elle ne puisse mettre à la place d'une garantie » voulue par la loi une sorte de sinécure d'autant plus » propre à tromper le public, qu'elle serait couverte de » noms plus honorables (1). » — La Cour d'Angers est encore plus précise et donne pour ainsi dire le criterium pratique qui permettra aux tribunaux de décider si, en fait, la responsabilité doit être appliquée ou repoussée : « Consi- » dérant, dit-elle, qu'il ne suffit pas que les membres d'un » conseil de surveillance prêtent à une société le patronage » de leurs lumières et de leur honorabilité, sans répondre » par leur zèle et leur activité à la confiance qu'ils inspi- » rent au public ; que, réduite à un rôle presque inerte, » cette institution serait plus dangereuse qu'utile; que, sans » exiger des membres du conseil, alors surtout que leur » mandat est gratuit, un labeur opiniâtre, une investiga- » tion minutieuse, à l'effet de découvrir tous les artifices » d'un gérant habile, *on est au moins bien fondé à réclamer* » *d'eux un examen attentif des comptes, des livres, du por-* » *tefeuille, sans faiblesse ni complaisance* (2). »

(1) Lyon, 8 juin 1864, D. P., 65, II, 197.

(2) Angers, 5 juillet 1876, D. P., 77, II, 30.

CHAPITRE IV

DU TRIBUNAL COMPÉTENT

---

191. — L'action en responsabilité contre les membres du conseil de surveillance pourra toujours être portée devant les tribunaux de commerce. L'action exercée par les actionnaires contre les membres du conseil, est, en effet, évidemment commerciale, puisque ceux-ci sont mandataires des actionnaires, et que leur mandat est l'accessoire des opérations commerciales de la société.

192. — L'action exercée par les créanciers a-t-elle le même caractère? Ce point est plus discuté. Leur action, pourrait-on dire, est purement civile, puisque les articles 8 et 9 de la loi de 1867 renvoient à l'article 1382, qui consacre une responsabilité purement civile. Mais, selon nous, en raisonnant ainsi, on interpréterait mal l'article 1382 ; la responsabilité fondée sur cette disposition pouvant avoir un caractère commercial, si elle a pris naissance à propos d'un acte de commerce.

On ne peut donc discuter sérieusement la compétence du tribunal de commerce, et les tiers ou les actionnaires demandeurs en responsabilité seront toujours admis à porter leur action devant les tribunaux consulaires. Mais alors se pose la question de savoir si cette juridiction est la seule à laquelle ils puissent s'adresser. Ne pourront-ils pas, s'ils le préfèrent, assigner les membres du conseil devant le tribunal civil ? — La question, à notre avis, ne peut se résoudre que par une distinction : il faut rechercher si, oui ou non, l'action a un caractère commercial au regard de toutes les parties. Si elle n'a pas le caractère commercial au regard de toutes les parties, on devra décider que, conformément à la règle de droit commun qui régit les actions dirigées par un non commerçant contre un commerçant, la partie à l'égard de laquelle l'action est civile, pourra, à son choix, actionner les membres du conseil devant la juridiction civile, ou devant la juridiction consulaire. C'est ainsi, par exemple, qu'un actionnaire non commerçant pourra à son choix actionner les membres du conseil devant la juridiction civile ou devant la juridiction commerciale (1). De même encore cette alternative devrait être accordée au créancier qui n'a pas fait acte de commerce en déposant ou en confiant des capitaux à la société.

193. — Au contraire, si l'action a le caractère commercial au regard des deux parties, elle devra nécessairement être portée devant la juridiction commerciale qui, seule, sera compétente. Cette dernière solution a été sanctionnée par un arrêt de la Cour de Cassation : « Attendu que les » membres du conseil de surveillance d'une société en » commandite par actions, sont investis tant dans l'intérêt » des tiers que dans l'intérêt des actionnaires, d'un véri- » table mandat qui, étant relatif aux opérations d'une so- » ciété de commerce, participe de leur nature et a un » caractère commercial. — Attendu, d'autre part, que la » masse d'une faillite représentée par le syndic qui agit en » son nom, constitue une collectivité commerciale dans » laquelle se confondent tous les droits individuels des

(1) La solution serait différente, si l'on admettait que le fait de souscrire des actions constitue un acte de commerce.

» créanciers, quelle que puisse être, d'ailleurs, leur nature ou » leur origine; attendu, dans l'espèce, que l'action intentée » par le syndic agissant en cette qualité..., contre les » membres du conseil de surveillance pris en cette qualité » et à raison de l'inexécution prétendue de leur mandat; » que cette action avait donc un caractère commercial, » tant vis-à-vis du syndic demandeur que vis-à-vis des » défendeurs; *qu'elle appartenait dès lors nécessairement* » *à la juridiction commerciale*, etc. » (1).

Cette doctrine se justifie très facilement par les considérations suivantes: l'action dirigée par les syndics, en leur qualité, a le caractère commercial à leur regard, puisqu'ils agissent en vertu d'un mandat organisé par la loi commerciale; l'action a donc le caractère commercial à l'égard de toutes les parties; elle doit donc être déférée à la juridiction commerciale. — Nous serions tenté de donner la même solution pour l'action intentée par les commissaires agissant en vertu de l'article 17 de la loi de 1867, car eux aussi exercent un mandat commercial contre les membres du conseil de surveillance.

194. — Remarquons, au surplus, que les tiers demandeurs n'ayant, le plus souvent, aucun intérêt à saisir ainsi la juridiction civile, se garderont bien de revendiquer leur droit d'option, surtout s'ils désirent épargner des frais. Quant aux actionnaires, ils ne se prévaudront de cette compétence facultative que dans des hypothèses encore plus rares, parce que, souvent, l'action en responsabilité ne se produira, pour eux, qu'incidemment à une question purement relative aux rapports des associés entre eux, et qu'il ne peut être qu'inutile d'en saisir deux juridictions

(1) Cass., 23 juillet 1877, D. P., 78, I, 456. Cassant un arrêt d'Angers du 3 juin 1875, D. P., 76, II, 166.

distinctes, alors surtout que les juges consulaires, par leur connaissance spéciale de toutes les questions relatives au commerce, leur offriront toutes les garanties désirables.

195. — Plusieurs fois, sous l'empire de la loi de 1856, des membres du conseil de surveillance avaient été appelés devant les tribunaux de répression, comme civilement responsables des délits commis par le gérant, et plusieurs fois ces tribunaux s'étaient déclarés compétents (1). Pour justifier cette solution, on prétendait que la situation respective des membres du conseil et du gérant était analogue à celle des père et mère vis-à-vis de leurs enfants; que les uns comme les autres avaient le droit de surveillance et devaient par suite, être rendus civilement responsables des délits des personnes qu'ils avaient à surveiller. Le système contraire était certainement plus juridique. L'article 1384 (Cod. civ.) ne peut pas s'appliquer aux membres des conseils de surveillance qui n'ont pas sur le gérant l'autorité que les père et mère, les maîtres et les commettants, les instituteurs et les artisans exercent respectivement sur leurs enfants, leurs domestiques, leurs élèves et leurs apprentis.

196. — Cette question ne peut plus se poser aujourd'hui, car le législateur l'a tranchée d'un façon définitive en décidant (art. 15, *in fine*) (2) que les membres du conseil de surveillance n'étaient pas civilement responsables des délits commis par le gérant. Comme le disait le rapporteur, outre qu'on ne peut assimiler complètement le rôle des conseils à celui des père et mère.... « il est d'autant plus désirable » que les membres des conseils de surveillance soient mis

(1) Cass., 2 avril 1859, Sir., 59, I, 353. — Rouen, 13 janvier 1860, Sir., 61, II, 289.

(2) Cette disposition, n'est, du reste, qu'une conséquence de l'article 9, qui déclare que les membres du conseil ne sont pas responsables à raison des actes de gestion.

» à l'abri des effets de la responsabilité civile, qu'elle aurait » souvent pour eux des conséquences morales beaucoup » plus graves que pour les parents, les maîtres, les insti- » tuteurs dont parle l'article 1384. Ceux-ci ne sont pas ex- » posés à être considérés comme complices des délits dont » ils sont civilement responsables. La confusion pourrait, » au contraire, avoir lieu à l'égard des membres des con- » seils de surveillance. » (1).

(1) Duvergier, *Collect. des lois*, 1867, p. 266.

TROISIÈME PARTIE

RESPONSABILITÉ PÉNALE

DES MEMBRES

DU CONSEIL DE SURVEILLANCE

197. — Jusqu'ici nous n'avons examiné que les conséquences pécuniaires qui peuvent résulter, pour les membres du conseil de surveillance, de leur négligence ou de leur imprudence : il faut maintenant rechercher si quelquefois ils ne peuvent pas, en même temps, encourir des pénalités. A ce propos nous devons faire un rapide retour en arrière. Nous avons vu que, si le gérant a commis une infraction à la loi pénale ou une des infractions spécialement prévues et réprimées par la loi de 1867, les membres du conseil qui ont laissé commettre ces infractions, soit par négligence soit par faiblesse, ne peuvent pas en être déclarés civilement responsables. Tout autre serait la situation, si les membres du conseil, au lieu de se borner au silence et à l'abstention, ont, au contraire, pris une part plus active aux manœuvres du gérant et ont ainsi participé à l'infraction ; ils deviennent ses complices (1) ; et sont justiciables

(1) Puisqu'aux termes de l'article 60, § 3, C. pén., sont complices : « ...ceux qui auront, avec connaissance de cause, aidé ou assisté l'auteur ou les auteurs de l'action, dans les faits qui l'auront préparée ou facilitée, ou dans ceux qui l'auront consommée ;... »

des tribunaux de répression. Ils peuvent, dans ce cas, être punis de la même peine (1) que le gérant, auteur principal de l'infraction ; ils peuvent aussi être condamnés solidairement avec lui à la réparation du préjudice causé par le crime ou le délit commun (2). Il en serait à *fortiori* de même si, au lieu de se borner à une complicité plus ou moins effective, ils ont eux-mêmes commis ces infractions. — Laissant de côté les crimes et délits de droit commun, bornons-nous à énumérer les infractions spécialement prévues par la loi de 1867 (art. 13, 14, 15). Ce sont :

1° L'émission d'actions ou de coupons d'actions d'une société constituée contrairement aux prescriptions des articles 1, 2 et 3.

2° Le commencement des opérations sociales par le gérant avant l'entrée en fonctions du conseil de surveillance. (Il faut supposer pour qu'il y ait lieu, en raison de ce fait, à une responsabilité des membres du conseil, qu'avant de faire partie du conseil, ils ont dirigé la société ou aidé le gérant à entamer les opérations).

3° Le fait d'avoir créé une majorité factice dans l'assemblée, en se présentant comme propriétaire d'actions ou de coupons d'actions sur lesquels on n'a aucun droit.

4° Le fait d'avoir remis des actions pour cet usage frauduleux.

5° La négociation d'actions ou de coupons d'actions, dont la valeur ou la forme est contraire aux dispositions des articles 1, 2 et 3 ou pour lesquels le versement du quart n'aurait pas été effectué.

6° La participation à ces négociations ou la publication de la valeur desdites actions.

---

(1) Art. 59, C. pén.

(2) Art. 55, C. pén.

7° Le fait d'avoir, par simulation de souscriptions ou de versements, ou par publication faite de mauvaise foi de souscriptions ou de versements qui n'existent pas, ou de tous autres faits faux, obtenu ou tenté d'obtenir des souscriptions ou des versements.

8° Le fait d'avoir, de mauvaise foi, pour provoquer des souscriptions ou des versements, publié les noms de personnes, contrairement à la vérité, comme étant ou devant être attachées à la société à un titre quelconque.

9° Le fait pour le gérant d'avoir, en l'absence d'inventaire ou au moyen d'inventaires frauduleux, opéré entre les actionnaires la répartition de dividendes fictifs.

198. — Aux termes des articles 637 et 638 du Code d'instruction criminelle, l'action civile résultant d'un crime ou d'un délit se prescrit par le même laps de temps que l'action publique, et la durée de cette prescription, qui varie de trois ans à dix ans, selon qu'il s'agit d'un délit ou d'un crime, diffère, par sa durée, de la prescription à laquelle est soumise d'ordinaire l'action en responsabilité des membres du conseil de surveillance. On est amené ainsi à se poser la question suivante : Doit-on appliquer ici les articles 637, 638, et décider que l'action en responsabilité contre les membres du conseil de surveillance sera prescrite par trois ou dix ans, dès qu'on invoquera, à l'appui de la demande contre les défendeurs comme auteurs ou comme complices, un délit ou un crime? — Nous pensons qu'on doit admettre l'affirmative, tout au moins pour les faits relatifs à la constitution illégale de la société (1), car, chaque fois que l'action civile résultant d'un délit ne serait pas née sans ce délit, les articles 637 et 638 sont appli-

(1) La Cour de cassation a décidé que les articles 637 et 638 C. inst. crim. régissent l'action basée sur des faits délictueux relatifs à la constitution illégale d'une commandite par actions (Cass., 7 mars 1877, Sir., 78, 1, 97).

cables. En vain soutiendrait-on qu'ici l'action intentée est une action contractuelle, qui n'a pas sa source unique et exclusive dans le délit commis; qu'elle repose, au contraire, principalement sur la violation du pacte de mandat intervenu avec les membres du conseil. Nous répondrions : il est impossible de faire cette distinction, car, à la différence de ce qui se passe quelquefois, l'action ne naît pas ici avant la perpétration du délit. Nous nous expliquons : on comprend fort bien qu'en cas de violation de dépôt ou de mandat, etc., la prescription de l'action civile soit indépendante de celle de l'action publique, parce que les dépositaires, les mandataires, etc., sont obligés envers le déposant, envers le mandant, indépendamment de toute action délictueuse. Mais, lorsqu'il s'agit de faits relatifs à la constitution de la société, les demandeurs basent nécessairement leur demande en responsabilité sur l'annonce mensongère que le capital était souscrit, sur la production de souscriptions fictives ou altérées, etc., en un mot sur des faits qualifiés crimes ou délits. Le législateur a voulu que des faits délictueux ou criminels ne pussent être révélés et judiciairement constatés, à une époque où le ministère public serait dans l'impossibilité d'en poursuivre la répression; c'est la seule raison d'être des articles 637 et 638; le but de la loi ne serait pas atteint si, après dix ans ou après trois ans, selon les cas, on pouvait fonder une action en responsabilité sur ces infractions.

Si, au contraire, il s'agit de faits délictueux commis pendant l'exercice du mandat des membres du conseil, ils ne mettent pas obstacle à la prescription trentenaire, pourvu que les demandeurs ne les invoquent pas à l'appui de leur demande; le fait délictueux ou criminel pouvant alors le plus souvent être séparé de celui qui donne naissance à la responsabilité.

APPENDICE

LÉGISLATION COMPARÉE

Jetons un rapide coup d'œil sur quelques législations étrangères et recherchons comment elles ont organisé les conseils de surveillance des commandites par actions.

BELGIQUE

La loi belge du 18 mai 1873 (contenant le titre IX, livre 1er du Code de commerce relatif aux sociétés) a réglementé les conseils de surveillance dans les sociétés en commandite par actions (1). Analysons rapidement les principales dispositions de cette loi.

La surveillance de la société doit être confiée à trois commissaires au moins (art. 80). — Ces commissaires sont nommés pour la première fois par l'acte qui constitue définitivement la société, et ensuite par l'assemblée générale des actionnaires. — Ils sont nommés pour une durée qui ne peut dépasser 6 ans; ils sont toujours révocables par l'assemblée générale (art. 54 et 76 combinés).

La constitution de la société est soumise aux conditions suivantes, indiquées par l'article 31 :

L'acte de société est préalablement publié à titre de

(1) *Annuaire de législation étrangère*, t. III, p. 336.

projet. — Les souscriptions doivent être faites en double et indiquer :

a) La date de l'acte authentique de société et sa publication.

b) L'objet de la société, le capital social et le nombre d'actions.

c) Les apports et les conditions auxquels ils sont faits.

d) Les avantages particuliers attribués aux fondateurs.

e) Le versement, sur chaque action, d'un vingtième au moins de la souscription.

Elles contiennent convocation des souscripteurs à une assemblée, qui sera tenue dans les trois mois pour la constitution définitive.

L'article 22 détermine la manière dont se fera la constitution définitive : Les fondateurs présenteront à l'assemblée, *qui sera tenue devant notaire*, la justification de la souscription intégrale du capital et du versement du vingtième au moins du capital consistant en numéraire. Si la majorité des souscripteurs présents autres que les fondateurs ne s'oppose pas à la constitution de la société, les fondateurs déclareront qu'elle est définitivement constituée.

Le procès-verbal authentique de cette assemblée, qui contiendra la liste des souscripteurs et l'état des versements faits, constituera définitivement la société.

L'article 34 rend les fondateurs et les gérants, qui sont sur ce point assimilés aux fondateurs (7, 6), responsables soit de l'absence ou de la fausseté des énonciations prescrites pour l'acte de souscription, soit de la nullité, d'une société par eux constituée, dérivant du défaut d'acte authentique ou du défaut de la souscription intégrale ou du versement du vingtième. — Quant aux commissaires de surveillance, cette loi ne semble pas les avoir rendus responsables de l'illégalité de la constitution; elle ne leur impose pas le devoir de procéder sur ce point à une vérification, et en même temps elle ne les rend responsables que conformément aux règles du mandat (nous le verrons plus loin). — Du reste, on comprend qu'il en soit ainsi, car, la société n'étant constituée qu'autant que les actionnaires n'ont pas fait d'opposition, ceux-ci peuvent et doivent procéder eux-mêmes à ces vérifications ; s'ils ne le font pas, ils ne peuvent s'en prendre qu'à eux-mêmes.

Le conseil de surveillance peut donner ses avis sur les affaires que les gérants lui soumettent, et autoriser les actes que les statuts lui ont réservés (art. 81). — Les membres du conseil ont un droit illimité de surveillance et de contrôle sur toutes les opérations de la société. Ils peuvent prendre connaissance, sans déplacement des livres, de la correspondance, des procès-verbaux et généralement de toutes les écritures de la société. — Il leur est remis chaque semestre par les gérants un état résumant la situation active et passive. Ils doivent soumettre à l'assemblée générale le résultat de leur mission, avec les propositions qu'ils croient convenables et lui faire connaître le mode d'après lequel ils ont contrôlé les inventaires. (art. 55 et s.)

Ils délibèrent suivant le mode établi par les statuts, et, à défaut de dispositions à cet égard, suivant les règles ordinaires des assemblées délibérantes.

Ils peuvent, s'il n'est autrement pourvu par les statuts, désigner, dans le cas de décès, d'incapacité légale ou d'empêchement du gérant, un administrateur, actionnaire ou non, qui fera les actes urgents et de simple administration, jusqu'à la réunion de l'assemblée générale, qui aura lieu dans la quinzaine. (art. 84).

Chaque année, une assemblée générale des actionnaires doit être tenue aux jour et heure indiqués par les statuts. Les commissaires de surveillance peuvent convoquer aussi l'assemblée générale ; ils le doivent même, sur la demande d'actionnaires représentant le 5e du capital social. — En même temps, afin d'assurer la convocation de tous les actionnaires, l'article 60 organise une série de mesures, telles que publication dans le *Moniteur,* lettres-missives aux actionnaires en nom, etc.

Les commissaires reçoivent l'inventaire accompagné d'un rapport dressé par le gérant, un mois au moins avant l'assemblée générale ordinaire. Ils doivent à leur tour faire un rapport contenant leurs propositions (art. 62). En même temps, afin de rendre plus sérieuses les délibérations de l'assemblée, la loi décide (art. 63) qu'outre le bilan et le compte des profits et pertes qui sont adressés aux actionnaires en nom en même temps que la convocation, le rapport des commissaires devra leur être envoyé, s'il ne conclut pas à l'adoption complète du bilan.

A l'assemblée générale, le gérant et les commissaires font leurs rapports. — L'adoption du bilan vaut décharge pour le gérant et les commissaires, sauf les deux réserves suivantes qui restreignent sensiblement le principe : *a*) il faut que l'assemblée n'ait pas fait de réserves contraires ; *b*) il faut que le bilan ne contienne ni omission, ni indication fausse dissimulant la situation réelle de la société. De plus, cette décharge n'est pas opposable aux actionnaires absents, quant aux actes *faits en dehors des statuts*, s'ils ne sont pas spécialement indiqués dans la convocation.

Cette dernière disposition mérite d'être remarquée ; elle admet ce principe exorbitant que l'assemblée générale peut approuver des actes contraires aux statuts.

La loi belge sanctionne les devoirs des commissaires de

surveillance par une responsabilité déterminée d'après les règles générales du mandat (art. 55).

Enfin elle prend une excellente précaution en organisant, dans certaines hypothèses, un contrôle pour les commissaires de surveillance. En effet, aux termes de l'article 124, le tribunal de commerce peut, dans des circonstances exceptionnelles, sur la requête d'actionnaires possédant le cinquième des intérêts sociaux, signifiée avec assignation à la société. nommer un ou plusieurs commissaires ayant pour mission de vérifier les livres et comptes de la société. Il entend les parties en chambre du conseil et statue en audience publique. Le jugement précisera les points sur lesquels l'investigation devra porter, et fixera la consignation préalable à effectuer pour le paiement des frais. Le rapport sera déposé au greffe.

CONFÉDÉRATION DE L'ALLEMAGNE DU NORD.

Les sociétés en commandite par actions sont régies par la loi du 11 juin 1870 (1), qui modifie quelques articles du Code général allemand. Voici le résumé des dispositions les plus intéressantes :

Défense d'émettre des actions au porteur ou inférieures à un certain chiffre (art. 173).

Rédaction d'un acte de société en forme authentique (art. 174, al. 2).

Inscription d'un extrait de cet acte au greffe du tribunal de commerce (art. 176).

Présentation au greffe, avec ledit extrait, des certificats constatant la souscription du capital, le versement du quart et la nomination d'un conseil de surveillance (art. 177).

---

(1) *Annuaire de législation étrangère*, tome 1er, p. 224.

Obligation pour les souscripteurs primitifs de parfaire le montant des actions par eux souscrites (art. 184).

La société est administrée par les associés responsables. Ils la représentent en justice et stipulent en son nom dans tous les actes de la vie commerciale (art. 196).

Un conseil de surveillance composé de trois membres au moins est établi dans toute société en commandite (art. 175). — Le premier conseil ne peut être élu que pour un an; les autres, pour cinq ans au plus. Mais les membres du conseil sont rééligibles (art. 191).

Le conseil est chargé de surveiller la gestion. Il peut s'informer de la marche des opérations de la société, prendre en tout temps, connaissance des livres et écritures, vérifier la caisse et le portefeuille. Il doit examiner les comptes annuels (art. 185), ainsi que les bilans et les propositions de dividendes. Il fait, chaque année, un rapport sur ces différents points à l'assemblée générale (art. 187).

La loi allemande admet la responsabilité solidaire des membres du conseil avec les associés en nom dans les cas suivants, qui sont limitativement déterminés: si des mises de fonds ont été remboursées illégalement aux commanditaires; si des dividendes ont été répartis en sus de la part des bénéfices, afférente aux actions; si une partie du fonds social a été partagée avant l'expiration du délai d'une année, à partir de la date de l'enregistrement au tribunal de commerce, etc. (art. 201 à 204). — La loi n'a pas visé les autres fautes qui peuvent être commises par les membres du conseil; mais la doctrine soumet les membres du conseil de surveillance des commandites par actions à la même responsabilité que tout mandataire, pour *toute faute* commise dans l'exercice du mandat. Quant à la jurisprudence, elle n'est pas encore fixée sur la question.

L'article 206 termine enfin la série des dispositions, dont

nous nous occupons, en édictant des pénalités contre les membres du conseil de surveillance dans les hypothèses suivantes: 1° Si, lors de l'inscription au greffe de l'acte de société, ils ont, à dessein, donné de fausses indications concernant la souscription ou le versement du capital fourni par les commanditaires; 2° si, par leur faute, la société est restée plus de trois mois sans conseil de surveillance, ou si le conseil a manqué du nombre de membres nécessaire pour la validité de ses délibérations ; 3° si, dans leurs rapports sur la situation financière de la société ou dans les explications par eux fournies dans les assemblées générales, ils ont sciemment soit dissimulé, soit faussement exposé l'état des affaires de la société. Dans ces divers cas la peine pourra aller jusqu'à trois mois d'emprisonnement. — Aux cas des alinéas 2 et 3, s'il est reconnu qu'il existe des circonstances atténuantes, la peine consistera en une amende de 1000 thalers au plus.

HONGRIE

Le Code de commerce hongrois de 1875 (1), n'a pas admis la commandite par actions. Le motif allégué, pour justifier l'absence de cette forme de société dans la loi nouvelle, est assez curieux. Cette forme a paru inutile, parce que la pratique a démontré que cette société est employée uniquement dans le but de se passer de l'autorisation préalable, nécessaire pour la constitution des sociétés anonymes ; or, comme le nouveau code n'exige pas cette autorisation, la commandite a été jugée superflue (Ce raisonnement n'a aucune valeur, car il est inexact de dire que la

(1) *Annuaire de législation*, 1875, p. 54.

forme de la société en commandite n'est jamais employée pour elle-même. En France, depuis 1867, l'autorisation gouvernementale n'est pas exigée pour la formation des sociétés anonymes et cependant on rencontre beaucoup de sociétés en commandite par actions).

AUTRICHE

La société en commandite y est organisée comme elle l'était en Allemagne avant la loi de 1870, le Code de commerce allemand étant en vigueur dans ce pays depuis 1863 sous le nom de Code général de commerce de l'Empire d'Autriche.

ITALIE

Le Code de commerce italien de 1865 a organisé les commandites par actions.

Mais, sur notre matière comme sur plusieurs autres, les dispositions de ce code étaient bien incomplètes. Aussi comprit-on bientôt la nécessité d'une réforme, et un projet de nouveau code fut déposé en 1877 au Sénat italien. Ce nouveau code contient des innovations très intéressantes et que nous avons cru devoir rapporter, car il est prohable que, faisant droit à la demande du gouvernement italien (13 février 1879) les chambres autoriseront à le mettre en vigueur avant la discussion.

Voici les traits caractéristiques du projet (1) :

Art. 90. — L'acte constitutif et les statuts des commandites par actions et des sociétés anonymes doivent être, par

(1) Nous empruntons le texte de ce projet au *Traité des sociétés commerciales françaises et étrangères*, de Deloison.

les soins et sous la responsabilité du notaire qui a reçu l'acte et des administrateurs (1), déposés dans les quinze jours de leur date au greffe du tribunal de commerce, dans la circonscription duquel se trouve le siège principal de la société. — Le tribunal vérifie l'accomplissement des conditions établies par la loi pour la constitution légale des sociétés; ordonne, par un arrêt délibéré en la chambre du conseil, l'enregistrement et l'affichage de l'acte constitutif et des statuts dans les formes prescrites à l'article précédent.

Art. 181. — Dans toute assemblée générale ordinaire,... on doit nommer trois ou cinq commissaires et deux suppléants, pour la surveillance des opérations sociales et la revision du bilan. — Ne sont pas éligibles et ne peuvent être maintenus les parents et alliés des administrateurs jusqu'au quatrième degré de parenté ou d'alliance.

Art. 150. — L'action contre les administrateurs pour faits touchant leur responsabilité compète à l'assemblée générale, qui l'exerce par les commissaires. —Tout associé pourtant a le droit de dénoncer aux commissaires les actes qu'il croit censurables, et ceux-ci doivent tenir compte de ces dénonciations dans leur rapport à l'assemblée générale. Ils sont tenus de présenter sur ces actes leurs observations et des conclusions, quand la dénonciation, est le fait des représentants du dixième du capital... Si les commissaires regardent comme fondée et urgente la réclamation de ces associés représentant le dixième du capital, ils doivent convoquer immédiatement une assemblée générale, autrement en référer à la plus prochaine.

Art. 151. — Lorsque des soupçons sérieux s'élèvent sur l'accomplissement des devoirs des administrateurs et des commissaires, des associés représentant le huitième du

(1) Ce mot sert à désigner les gérants (argum. de l'art. 127).

capital peuvent dénoncer les faits au tribunal de commerce. Ce tribunal peut ordonner l'inspection des livres sociaux par un arrêt et nommer, pour ce faire, un ou plusieurs commissaires aux frais des requérants.

SUISSE

La législation commerciale n'y existe pas encore, d'une façon uniforme. En novembre 1879, un projet a été présenté aux Chambres, dans le but d'unifier la législation commerciale de ce pays. En voici les dispositions relatives à notre sujet (1) :

Art. 689. — 5° La société en commandite par actions doit avoir un conseil de surveillance ; ce conseil peut, au nom de la société, demander compte aux membres de la direction de leur gestion et même les traduire en justice. Le conseil de surveillance a le droit, lorsqu'il veut sauvegarder sa responsabilité ou lorsqu'il y a dol, d'actionner les membres de la direction et de poursuivre le procès, même contrairement à la volonté de l'assemblée générale. — L'assemblée générale désigne les mandataires chargés d'agir en justice, au nom de la société, contre les directeurs ou les membres du conseil de surveillance.

Art. 685. — Les membres du conseil d'administration ou de la commission administrative permanente, de même que les membres du conseil de surveillance, sont responsables envers la société, conformément à l'article 121, du dommage résultant pour celle-ci de leur négligence ou de la violation de leurs devoirs.

Art. 686. — Les directeurs, les administrateurs et les

(1) Nous empruntons encore ces textes au *Traité des sociétés commerciales françaises et étrangères*, de Deloison.

membres du conseil de surveillance sont personnellement et solidairement responsables envers tout actionnaire ou créancier de la société, du dommage qu'ils lui ont causé en violant à dessein les devoirs que leur imposaient leurs fonctions.

CHILI

Le Code de commerce chilien, en vigueur depuis le 1er janvier 1867, s'occupe, dans ses articles 491 à 506 de la société en commandite par actions et des conseils de surveillance. Il reproduit presque à la lettre la loi française de 1856 ; aussi n'avons-nous rien de particulier à en dire.

CONCLUSION

Nous avons vu que l'institution des conseils de surveillance, quoique minutieusement organisée par la loi de 1867, n'empêchait malheureusement pas toujours les gérants imprudents ou infidèles de compromettre les intérêts qui leur ont été confiés.

Quelques esprits chagrins en ont conclu qu'il valait mieux supprimer cette institution qui, selon eux, n'empêche rien et ne peut que créer des responsabilités, sans profit pour personne. — Quant à nous, nous repoussons cette solution, qui offre beaucoup de ressemblance avec celle proposée par le gouvernement en 1838 qui réclamait la suppression des sociétés en commandite par actions, sous prétexte qu'elles donnaient lieu à des abus. Il faudrait tout d'abord démontrer que les conseils de surveillance n'ont pas empêché quelques catastrophes ; démontrer surtout que certains gérants, qui ont arrêté à temps les affaires de leur société, ne l'ont pas fait précisément dans la crainte d'être devancés par leur conseil. Cette première preuve administrée serait encore insuffisante, car, de ce qu'une institution ne produit pas les résultats que l'on était en droit d'en attendre, il n'en résulte pas, d'une façon certaine, que le principe même sur lequel elle repose est mauvais ; peut-être sont-ce les détails d'application qui font défaut. D'ailleurs, la présence d'un conseil de surveillance auprès de toute société en commandite par actions paraît chaque jour de plus en plus nécessaire, puisque toutes les lois étrangères récentes s'attachent à en établir près de ces sociétés.

Nous croyons donc que l'institution du conseil de surveillance doit plutôt être réorganisée et renforcée que détruite. Voici, selon nous, quelles seraient les principales réformes à opérer :

La plupart des fautes commises par les conseils de surveillance, proviennent de ce que leurs membres ne prennent pas leurs fonctions au sérieux, et ne savent pas exactement quels sont les devoirs qu'ils s'imposent en acceptant la mission qui leur est offerte. Pour remédier à ce danger, l'acceptation des fonctions de membre du conseil devrait être consignée dans un acte notarié constatant que le notaire a lû aux membres du conseil les articles de la loi qui tracent leurs devoirs.

Ces articles devraient être revisés de la façon suivante.

Pour s'assurer de la souscription de la totalité, etc., les membres du conseil devraient se faire représenter par le gérant les récépissés de dépôt des souscriptions, délivrés par un comptable public qui aurait été désigné par le projet des statuts pour recevoir les versements. — Quant à la question de savoir si les statuts ont respecté les règles légales établies par les articles 2 et 3 de la loi de 1867, relativement à la négociabilité et aux effets de la cession des actions, le conseil ne serait plus compétent pour examiner ces questions de droit, et, à l'exemple de ce que propose le projet italien, le tribunal de commerce devrait, avant d'ordonner l'affichage de l'acte constitutif, s'assurer que les statuts ne violent pas les dispositions législatives dont il s'agit.

De plus, afin de ne pas inspirer aux actionnaires une confiance trompeuse, les membres du conseil de surveillance devraient être tenus de déclarer à l'assemblée générale le mode d'après lequel ils ont contrôlé les opérations. (C. pr., loi belge.).

De cette façon, les actionnaires pourraient apprécier si le contrôle auquel s'est livré le conseil est suffisant. Dans le cas où certains d'entre eux ne croiraient pas qu'il offrît assez de garanties, ils pourraient, pourvu qu'ils représentassent une portion sérieuse du capital social (portion qui serait à déterminer), et en justifiant de soupçons graves, demander au tribunal de commerce d'ordonner l'inspection des livres sociaux et de nommer, pour ce faire, un ou plusieurs commissaires aux frais des requérants. (Cpr., projet italien, art. 151.)

TABLE DES MATIÈRES

INTRODUCTION. — Notions préliminaires. — Historique 3
PREMIÈRE PARTIE. — Organisation et attributions du conseil de surveillance 19
Chapitre I. — Organisation et composition du conseil de surveillance. 19
§ 1. — Nécessité d'un conseil de surveillance 19
§ 2. — Quand le conseil de surveillance doit-il être nommé? .. 20
§ 3. — Qui peut être nommé membre du conseil de surveillance? 23
§ 4. — Par qui est nommé le conseil de surveillance? 29
§ 5. — Combien le conseil de surveillance doit-il comprendre de membres? 33
§ 6. — Pour combien de temps le conseil de surveillance est-il nommé? 40
Chapitre II. — Caractères généraux du mandat des membres du conseil de surveillance 45
Chapitre III. — Attributions des conseils de surveillance 53
Section I. — Attributions spéciales au premier conseil 53
Section II. — Attributions communes à tout conseil de surveillance 74
I. — Vérification de la situation financière de la société .. 75
A) Vérification des livres 75
B) Vérification de la caisse 81
C) Vérification du portefeuille 81
D) Vérification des marchandises 83
II. — Rapport annuel 86
DEUXIÈME PARTIE. — Responsabilité pécuniaire des membres du conseil. — Notions générales. — Historique 109
Chapitre I. — Responsabilité spéciale du premier conseil 113
Chapitre II. — Responsabilité des membres du conseil pour les fautes commises pendant le cours de la société .. 126
Chapitre III. — Exercice de l'action en responsabilité 146
Section I. — Contre les membres du conseil 149
§ 1. — Par qui peut-elle être exercée? 149
§ 2. — Quand et pendant combien de temps peut-elle être exercée? 159

§ 3. — Des moyens de défense que peuvent opposer les membres du premier conseil 162
Section II. — Contre les membres des autres conseils 165
§ 1. — Par qui peut-elle être exercée? 165
§ 2. — Quand et pendant combien de temps peut-elle être exercée? 172
§ 3. — Des moyens de défense que peuvent opposer les membres du conseil de surveillance 174
Chapitre IV. — Du tribunal compétent 179
TROISIÈME PARTIE. — Responsabilité pénale des membres du conseil 185
APPENDICE. — Législation comparée 189
CONCLUSION 200

Nancy. — Imp. Nancéienne, 1, rue de la Pépinière. — Dir. : GÉBHART.

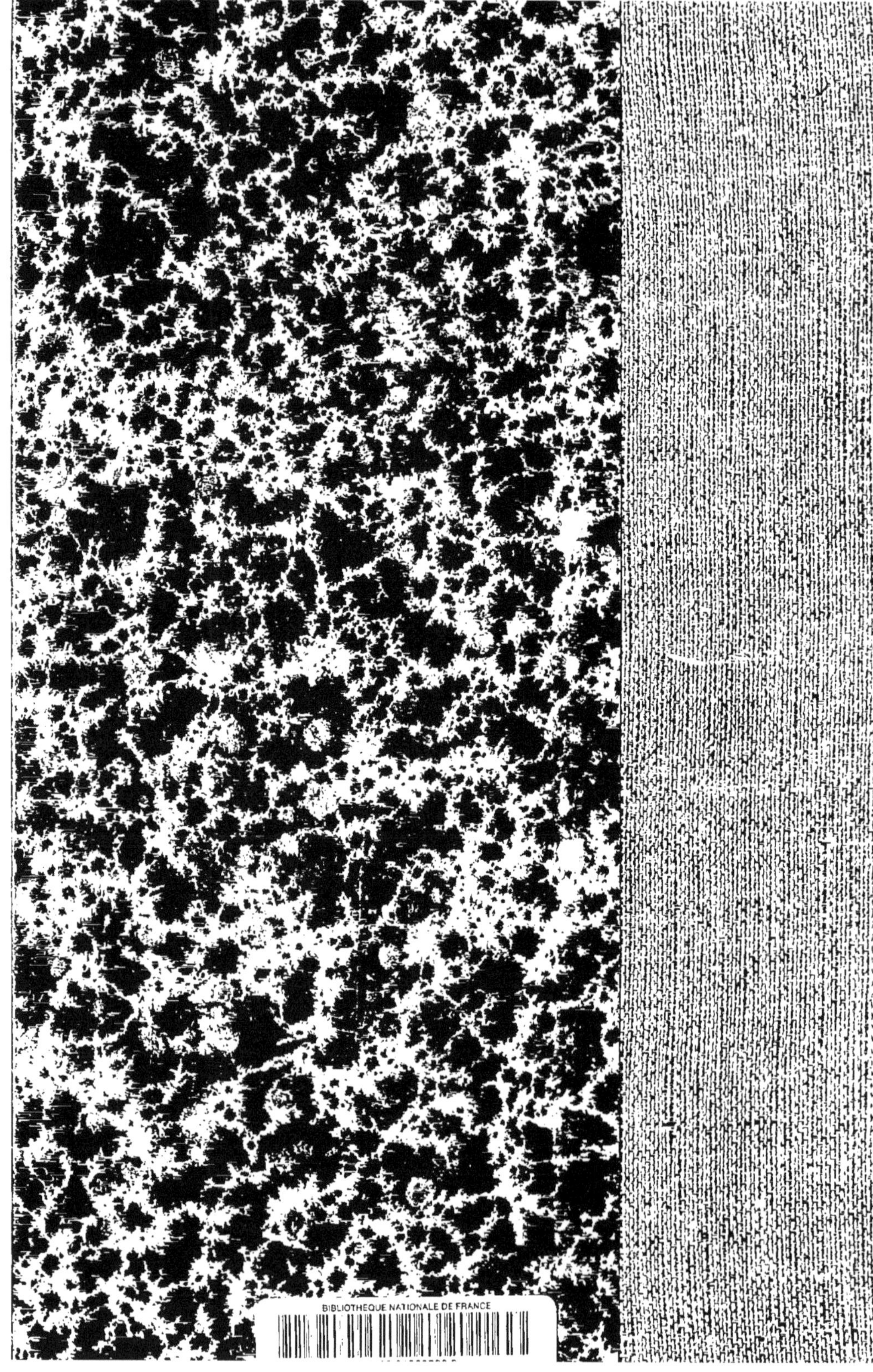

www.ingramcontent.com/pod-product-compliance
Ingram Content Group UK Ltd.
Pitfield, Milton Keynes, MK11 3LW, UK
UKHW020120200726
13856UKWH00002B/641